일상 채우기 기술

일상 채우기 기술

초판 1쇄 발행 2022년 10월 15일

지은이 요니(양영희)

펴낸이 김진규
기획 밀리의서재
책임편집 김정희
경영지원 정동윤

펴낸곳 (주)시프 | 출판등록 2021년 2월 15일(제2021-000035호)
주소 경기도 고양시 덕양구 권율대로668 티오피클래식 209-2호
전화 070-7576-1412
팩스 0303-3448-3388
이메일 seepbooks@naver.com

ISBN 979-11-92421-10-0 13190

일상 채우기 기술

삶을
마법처럼
바꾸는

작은 습관
만들기

요니 지음

시프 ORIGINAL

작가의 말

나는 메모하는 걸 좋아한다. 일상을 보내며 자연스럽게 떠오르는 생각들을 적다 보니 2000개 가까이 메모가 쌓였다. 그 작은 조각들을 엮어 지금 여러분이 읽고 있는 책을 만들었다. 아주 작은 행동을 더해 태어난 책이다.

이 책《일상 채우기 기술》은 이런 행동에 관한 책이다. 일상을 좋아하는 것들로 채우고, 삶을 더 나은 방향으로 바꾸려면 어떻게 해야 할까를 고민하고 썼다.

이 책을 여러분은 두 가지 방법으로 활용할 수 있다. 첫 번째는 책에 제시한 내 경험으로부터 아이디어를 얻어 행동해 보는 것이다. 잠깐 내용을 미리 언급하자면, 이 책은 내가 인생의 갈피를 가장 잡지 못했을 때의 일부터 시작한다. 인생

최악의 시나리오가 머릿속에서 떠나지 않고 '정말 인생이란 이게 끝인가?' 싶던 때, 어떻게 빠져나가면 좋을지 고민했다. 그때 수백 권의 책을 읽고 메모한 다음, 생각을 정리하여 하나둘씩 내 삶에 적용해봤다. 방법을 고민하고, 행동을 더했다. 그중에는 실패한 일도 많고 다소 효과를 보지 못한 것도 많았지만 나는 멈추지 않았다. 그런 시도를 일상에 쌓고 쌓았다. 이런 시도들이 모여 내 삶의 방향이 되었고, 나는 내 일상을 무척 좋아하게 되었다. 인생의 허무와 무기력으로부터 빠져나가는 방법 가운데 시간이 지나도 살아남았던, 직접적으로 효과를 봤던 일들만 책에 담았다. 그런 아이디어와 행동 방법들이 이 책 속에 가득하다.

나는 내가 돌부리에 걸려 넘어지는 시기가 다시 오더라도, 지금의 방법들을 통해 훌훌 털고 일어설 수 있으리라 확신한다. 배워서 바르게 적용해보면 분명 효과를 얻을 수 있다는 뜻이다. 물론 이 책의 방법이 완전하다고 생각하지는 않는다. 그렇다고 나에게만 적용될 수 있는 것도 아니라 믿는다. 내가 시도한 방법들은 다른 수많은 책에 이미 적혀 있다.《일상 채우기 기술》은 책에서 읽은 것들을 내 삶에도 적용 가능한지 실험해본, 일종의 실험 일지라고 해도 좋을 것이다.

이 책은 실용서다. 실용서는 목적이 분명하다. 바로 써먹을 게 있어야 한다고 생각하며 책을 썼다. 최대한 가볍게 써먹어 봐도 괜찮겠다 싶을 정도의 일, 빡빡하고 재미없는 일상을 조금 나아지게 할 수 있는 일들을 쓰려고 노력했다. 그러니 여러분도 내가 제안하는 것들 가운데서 흥미를 느끼거나 열정이 떠오른 것이 있다면 자유롭게 시도해보시길! 효과는 보장한다.

두 번째는 이 책 자체를 노트처럼 활용해보는 것이다. 이 책은 여러분이 펜을 들기 전까지 아직 완성되지 않은 상태다. 왜냐하면 여러분을 위한 질문들을 마련해두었으니까! 꽤 많은 질문을 던질 예정이다. 그리고 페이지를 넘기는 도중 흥미로운 질문을 만나면 읽기를 잠깐 멈추고 생각을 써보자. 책에 직접 글을 쓰는 데 거부감이 든다면 노트에라도 바로 쓰길 바란다. '다 읽고 나중에 해야지'라고 마음먹으면 마지막 장을 덮고 영영 잊어버릴 가능성이 크다. (내가 자주 그랬다.) 모든 질문에 대답하지 않아도 된다. 빡빡하게 글을 쓰지 않아도 되고, 단어만 쭉 나열해도 상관없다. 이 질문들이 자신을 되돌아보거나, 새로운 아이디어를 떠올리고 실행해볼 기초가 된다면 좋겠다.

이 책《일상 채우기 기술》은 작은 행동, 작은 변화를 다뤘다. 여러 책을 읽으며 가슴이 두근거리고 마지막 장을 덮으며 고개를 끄덕이라도 막상 행동까지 이어가기란 쉽지 않다. 나도 잘 안다. 배웠다고 해서 행동할 수 있는 게 아니라는 걸. 하지만 '다음에' '다음에' 하고 미루기만 하면 우리 앞에 나타날 것은 불안감뿐이다.

거창하고 원대한 꿈을 이루는 데는 이 책이 별로 유용하지 않을지도 모른다. 다만 내 일상이 약간 더 나아지고, 하루의 호흡이 한결 가벼워진 기분을 느끼고 싶다면 도움이 될 것이다. 만약 그런 것을 원한다면 잘 왔다. 계속 읽어보시라.

차례

3부 나다운 프로젝트 시작하기

4부 일상을 바꾸는 100일 프로젝트

5부 하루 10센티미터 더하는 삶

6부 프로젝트 지속하기

01

그저 더 잘 살고 싶어서

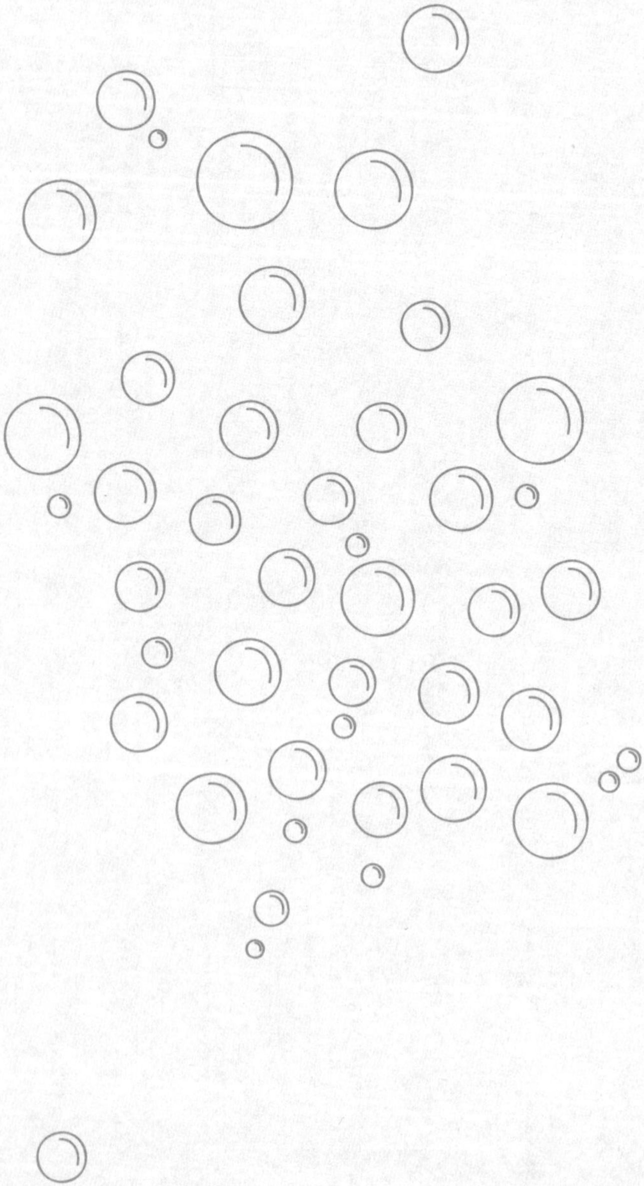

지금
안녕한가요?

퇴근 후 집에 돌아와 평소보다 일찍 침대에 누웠다. 내일 다시 출근할 걸 생각하니, 머리가 지끈하다. 오늘도 정신없이 보낸 하루였다. 밀려드는 업무에 숨 쉴 틈도 없이 일을 해치우고 나니 깜깜한 밤이었다. 그리고 내일도 그런 날일 것 같았다. 문득 한 선배의 말이 떠올랐다.

"회사를 다니다 보면 위기가 찾아와. 특히 3년, 6년, 9년째는 더 그렇지. 이때 사표를 던지는 사람도 꽤 많아. 그 시기가 오면 잘 버텨봐. 버티는 수밖에 없어, 우리 같은 월급쟁이는."

그 선배는 3년 뒤에 퇴사를 했다. 나는 아직도 회사를 다닌다. 입사한 지도 벌써 10년. 나이를 먹고 직급은 올랐지만 똑같은 업무를 계속 반복하는 나날들이었다. 돈을 벌고 싶어 회사에 들어갔지만, 이젠 월급조차 무의미하게 느껴졌다. 문득 이래도 되나 싶었다. 나는 언제까지 회사를 다녀야 할까. 이대로도 괜찮은 걸까?

나름대로 나 자신이 '원하는 삶을 사는 사람'이라고 생각했는데 아닌 것 같다. 일 때문에 힘든 걸까? 퇴사를 하면 행복해질까?

내가 지금
임종을 앞두고 있다면

'원대한 꿈'이나 '남들과 다르게 살 용기' 같은 말들이 내 것인 적은 없었다. 고등학교 시절 장래희망을 적으라고 선생님이 종이를 나눠줬을 때 일말의 고민도 없이 '회사원'이라고 적었던 기억이 난다. '남들만큼만 하자, 무난하게만 살자'는 게 내 목표였다. 내 인생에 주어진 큰 과제는 대학, 취업, 결혼 정도였다. 어른들이 바라는 것, 남들이 다 한다고 할 만한 것들을 했다. 성적에 맞는 전공을 골라 대학에 들어갔고, 적당한 나이에 입사했다. 친구들이 하나 둘 결혼하는 시기에 예식장을 알아봤다. 결혼까지 하고 나니 인생의 과제는 반 정도 완성된 것 같았다. 돈을 모아 내 집을 마련하고, 아이까지 기르고 살면 더 제출할 과제는 없을 것 같았다.

평범하게 주어진 길을 차근차근 완수하다 보면 행복은 자연스럽게 찾아오겠거니 했다. 하지만 막상 인생 과제라고 믿어왔던 것을 해치운 뒤에도 행복과의 거리는 그대로였다. 과제가 끝나면 자연스럽게 즐거운 방학이 올 줄 알았건만 책임져야 하는 일만 늘어났다. 스트레스는 사라지지 않았고, 먹고 사는 일에서 벗어날 수도 없었다. 하루하루가 지루한 족쇄처럼 내 발목에 무겁게 걸려 있었다. 가끔 떠나는 2박 3일짜리 여행 날만 목 빠지게 기다렸다. 그외의 시간은 아무 의미가 없다는 듯, 쓸데없는 일만 했다. '킬링 타임'이라는 말처럼 나는 내 일상의 대부분을 시간을 죽이며 보냈다.

정말로 나는 이대로 괜찮은 걸까?

마음은 답답한데 조언을 구할 사람이 없었다. 그러다 책 한 권이 눈에 들어왔다. 빅터 프랭클의《죽음의 수용소에서》였다. 열한 살이던 아들을 잃고 자살하려던 여자에게 빅터 프랭클은 질문을 던졌다.

"당신이 서른이 아니라 여든 살이고, 지금 임종을 앞두고 있다고 생각해봅시다. 지금 당신은 그동안 살았던 삶을 돌아보고 있습니다. 어떤 생각이 들까요? 자신에게 뭐라고 이야기할까요?”

그 이야기를 읽고 난 뒤, 나도 나 자신에게 같은 질문을 해보기로 했다. 책을 내려놓고 눈을 감았다. 그리고 천천히 그 모습을 그려보았다. 내가 죽기 전에 살고 있을 집, 침대에 누운 나를 떠올렸다. 나이가 많이 들고 주름이 깊게 팬 내 모습, 내 옆에 있을 남편, 미래에 존재할 아이들과 손주들까지. 그들은 침대에 누운 나를 바라보고 있다. 이윽고 내가 입을 열었다. “나는 살면서 이런 것들이 후회스럽단다. 그게 뭐냐면……”

머릿속에 몇 가지가 떠올랐다.

소중한 사람에게 더 집중하지 못한 것.

더 많은 경험을 해보지 못한 것.

가슴 뛰는 꿈을 가지고 도전하지 못한 것.

세 번째 생각까지 들자 눈이 번쩍 떠졌다. 나는 자리에서 벌떡 일어섰다. 지금까지도 나는 인생에서 중요한 일을 아직 발견하지 못한 것이 아닐까?

더이상 가만히 있어서는 안 되었다. 지금 이 순간부터 변하지 않는다면 후회하게 될 것 같았다.

그런데 무엇부터 해야 하지?

나를 진정으로 위하는 방법

직장에서는 가슴 뛰는 일을 찾지 못했다. 생계를 유지하기 위해 일을 하고 월급을 받는, 내 시간과 돈을 바꾸는 계약 관계 그 이상은 아니었다. 그럼에도 그 일은 내 삶을 통째로 이리저리 끌고 다녔다. 그 휘둘리는 기분으로부터 벗어나야 했다. 더는 회사 생활이 나의 모든 것을 끌고 가게 놔두어서는 안 되었다.

일상을 진정으로 날 위하는 것들로 채워야 해.

나는 중요하지 않은 일을 정리하기 시작했다. 쓸데없는 일들을 없애고, 새롭게 주어진 시간을 '죽이지' 않도록 나를 위한 일들로 채워보기로 했다. 그러자 놀라운 일이 벌어졌다.

내 일상이 점점 변하는 것이 느껴졌다. 이런 느낌이 '지속'되는 일은, 나는 전혀 다른 사람으로 만들었다. 별다른 목표나 꿈 없이 하루하루를 보내던 사람이 새벽에 일어나 책을 읽고 글을 쓰기 시작했다. 몰입하는 경험으로 인해 내 일상이 점점 소중해지고, 새로운 기회들이 눈앞에서 다가오는 게 느껴졌다. 그동안 전혀 느껴보지 못했던 활력이 차올랐다.

변한 것은 감정만이 아니었다. 좋아하던 일을 시작해 소득도 생겼다. 물론 생계를 책임질 수 있는 정도는 아니지만, 마치 인생의 보너스를 받은 기분이다.

나는 미래의 삶은 더 즐거우리라 확신한다. 내 안에 막대한 에너지가 저장돼 있다는 믿음이 새로운 일을 시작해보려는 내 등을 밀어준다.

사람은 자신의 삶이 나아지고 있다고 느낄 때 가장 행복하다고 한다. 그렇다. 나 역시 향상된다는 이 느낌으로부터 내 삶을 더 사랑하고 잘 살 수 있는 힘을 얻는다.

예전에는 사람이란 결코

내 일상이 점점 변하는 것이 느껴졌다. 이런 느낌이 '지속'되는 일은, 나는 전혀 다른 사람으로 만들었다.

변하지 않는다고 믿었다. 특히 어른이 되고 나서는 더욱더 변할 수 없다고 생각했다. 그렇게 말하고는 한숨을 내쉬는 사람이 주변에 무척 많았고, 나도 그런 줄 알았다. 그러나 이제는 사람이 변할 수 있다는 걸 믿는다. 남은 바꿀 수 없을지 몰라도 나 자신은 바꿀 수 있다고 믿는다. 나 자신이 성장하는 것을 온몸으로 느꼈으니까. 지금도 나는 여전히 성장 중이다. 마치 지금 이 순간이 아름다운 꽃을 피워내기 전의 봄날인 듯 느껴진다.

흐르는 대로만 살았던 3년 전, '이대로 괜찮아?'라는 의문을 무시하거나 꾹꾹 눌러내리던 때의 나는 이제 없다. 더이상 내 삶이 아무 의미 없이 흘러가도록 놔두고 싶지 않다.

인생의 주도권을 쥐고 있다는 생각이 들지 않는다면 표류하고 있다는 신호다. 매너리즘은 목적을 잃었을 때 찾아온다. 번아웃은 나를 잃었을 때 찾아온다. 둘의 공통점은 인생에서 중요한 무언가를 잃어버렸을 때 나타난다는 것이다. 이는 우리를 힘들게 하지만 나쁜 신호는 아니다. 변화가 필요하다고 몸이 알려주는 것이다. 다만 어떻게 길을 찾아야 할지 모르기 때문에 우리는 방황한다.

그런 신호를 느꼈다면 인생의 재부팅이 필요하다. 이 책은 인생이 만족스럽다면 굳이 읽을 필요가 없다. 지금은 지쳤고 무기력하지만, 흥미롭고 재미있는 삶을 살고 싶은 사람을 위한 책이다.

이 책에서 나는 무겁고 지루하게만 느껴졌던 일상을 전환하여 즐겁게 살 수 있었던 방법을 차근차근 풀어놓을 것이다. 나의 작은 비법이 독자 여러분께도 꼭 통하기를, 여러분의 일상도 충만해지기를 바라는 마음에서 이책을 썼다.

읽기 전에 먼저 부탁하고 싶은 게 있다. 지금 이 순간부터 무언가를 '시도하는 일'에 관대해지길 바란다. 그리고 이 책을 읽으면서 이것저것 해보고 싶은 마음이 들기를 바란다. 우선은 고민하지 말고 시도해보자. 내가 바라는 건 그것뿐이다.

✦ 요즘 내 상태를 말하는 듯한 문장에 모두 체크해보세요.

□ 미래가 지금과 별로 달라질 것 같지 않다.

□ 종종 무기력하고 아무 것도 하고 싶지 않을 때가 있다.

□ 주변에 휘둘리는 때가 많다고 느낀다.

□ 사람들의 친절한 말에도 시니컬하게 대답하곤 한다.

□ 마음이 두근댈 정도로 신나는 일이 별로 없다.

□ 집중하고 있는 일이 없다.

□ 좋아하는 취미가 없다.

□ 내가 요즘 어떻게 살고 있는지 잘 모르겠다.

□ 삶의 의미를 잘 모르겠다.

✦ 요즘 가장 많이 하는 생각을 세 가지 이상 적어보세요.

✦ 위 두 가지 문항에서 답한 바를 종합해서 아래 항목 중 나와 가장 가까운 것에 체크해보세요.

□ 내 삶은 지금 이대로도 괜찮다.

□ 나는 일상의 변화를 바라고, 어떻게 해야 할지 안다.

□ 나는 일상의 변화를 바라지만, 어떻게 해야 할지 잘 모른다.

성장하고 싶어서 변하기로 했다

'갓생'이라는 말을 아는가? '신과 같은 훌륭한 삶을 산다'는 의미의 신조어로, 주로 '갓생을 살지 못하는 상태'를 자조하는 식으로 쓰인다. 하지만 자조적으로 쓰이든 어떻든, 내게는 스스로에게 집중하는 삶을 살기 위해 루틴을 만들어 지키는 젊은 인구가 늘어나고 있다는 증거로 보인다. 반짝 하고 지나갈 트렌드처럼 느껴질 수도 있겠지만, 어찌 보면 이는 인간의 근본적인 욕구 중 하나다.

사람은 더 나은 삶을 살고 싶어 하고 행복해지고 싶어 한다. 돈을 버는 것도, 관계를 형성하는 것도, 성공하고 싶은 것도 궁극적인 목적은 행복이다. 오늘보다 더 행복한 자신을 원하는 것이다. 하지만 세상이 물질적으로 풍요로워져도 마음속 한 구석에는 뭔가 부족하단 생각이 드는 건 나뿐만이 아닌 듯하다. 사람들이 자기계발에 관심을 가지는 이유도 이 때문이다. 더 나은 것으로 삶을 채우고 싶은 것이다.

나는 내 인생이 허무해졌을 때 '스스로 성장하기'를 통해 극복하기로 했다. 더 나은 삶을 살고 싶다는 마음에 불이 붙기 시작했다. 그리고 불이 꺼지기 전에 방법을 찾아 시도해보기로 다짐했다. 처음부터 거창한 계획을 가졌던 것은 아니었다. 출근하기 전 10분만 일찍 일어나 오직 나를 위해 써보자고 마음먹은 게 다였다. 그 10분 동안 작은 일을 해보기로 했다. 침대 정돈을 하고 스트레칭으로 굳어진 몸을 풀었다. 한결 기분이 나아졌다.

'그래, 나는 이것만으로도 충분히 나아졌어.'

며칠이 지나자 이제 10분으로는 모자랐다. 그래서 30분 정도 일찍 일어나 다른 일들도 시도해보기로 했다. 점점 내 일상이 가치 있게 느껴지기 시작했다.

내 주변의 상황은 아무것도 바뀌지 않았다. 그럼에도 내 삶이 점점 바뀌어가는 게 느껴졌다. 가장 먼저 나타난 변화는 월요병이 없어졌다는 것이다. 예전의 나는 주말에 늦게까지 놀다가 새벽 두 시가 되어서야 잠에 들곤 했다. 그런 다음 월

> 출근하기 전 10분만 일찍 일어나 오직 나를 위해 써보자고 마음먹은 게 다였다. 그 10분 동안 작은 일을 해보기로 했다. 침대 정돈을 하고 스트레칭으로 굳어진 몸을 풀었다. 한결 기분이 나아졌다.

요일을 맞이했으니, 그날은 더욱 힘든 하루가 될 수밖에 없었다. 그러나 지금은 아침에 내가 하고 싶은 일을 위해 일어난다. 회사가 아닌 나의 일을 위해 일어난다는 마음가짐 자체만으로도 기분이 좋아졌다. 내가 좋아하는 일을 하고 출근하니, 오히려 에너지를 얻은 다음 회사에서 일할 수 있었다.

나만을 위해 시간을 보내는 일이 점점 더 좋아졌다. 그 후 더 많은 시간을 확보할 방법을 연구했다. 책에서 배운 내용을 시도해보는 데 시간을 쏟았다. 그리고 일상에서 나만의 프로젝트를 만들기 시작했다. 아주 작지만 게임처럼 즐거운 프로젝트를.

10분, 30분,
그리고 두 시간

지금 나는 매일 아침 두 시간은 오로지 나를 위한 것으로 채운다. 그 시간 동안 나를 방해하는 것은 아무것도 없다. 애써 만든 시간이기에 소중하게 아껴 쓴다.

3년 동안 나는 예전에는 상상할 수 없었던 결과물을 만들었다. 책 500권을 읽었고, 1년 동안 블로그와 브런치에 365개의 글을 쓸 수 있었다. 내 인생에서 가장 아름다운 순간의 모습을 바디프로필 사진으로 남길 수 있었다. 유튜브 콘텐츠의 원고를 쓰는 프리랜서 방송작가가 되고, 출간과 강연 등 새로운 기회도 잡았다. 그것도 여전히 회사를 다니는 상태로 말이다.

재미있는 건 주변의 시선 역시 달라졌다는 것이다. 처음에는 '얘가 왜 이러지?' '저러다 금방 말겠지' 하는 반응이었지만, 지금은 어떻게 그렇게 할 수 있었는지 호기심을 갖고 물어보는 이들이 늘었다.

누군가를 위한 것이 아닌 오롯이 나를 위한 행동으로 삶을 채운다는 기분은 하루를 잘 살았다고 느끼게 한다. 그런 하루가 쌓이니 내 삶이 더 좋아졌다. 나 자신을 더 사랑하게 되었다. 성장하는 나 자신을 진심으로 응원하며 성취감을 더 느끼게 되었다.

나는 지금도 더 나은 나를 발견하며 즐겁게 지내고 있다. 끝이 어디일지는 모른다. 확실한 것은 변화를 통해 얻은 성취감으로 더 나아질 수 있다는 것이다.

나이가 들면
자연스럽게 성숙하지만,
성장하지는 않는다.
성장은 계획적이다.
예전보다 더 나은
자신을 추구하고
지속적으로 행동할
때만 성장한다.

성장으로 삶을 채워보자. 나이가 들면 자연스럽게 성숙하지만, 성장하지는 않는다. 성장은 계획적이다. 예전보다 더 나은 자신을 추구하고 지속적으로 행동할 때만 성장한다.

✦ 나에게 매일매일 10분이 생긴다면 하고 싶은 일은 무엇인가요? 세 가지 이상 적어보세요.

✦ 나에게 매일매일 30분이 생긴다면 하고 싶은 일은 무엇인가요? 세 가지 이상 적어보세요.

✦ 나에게 매일매일 두 시간이 생긴다면 하고 싶은 일은 무엇인가요? 세 가지 이상 적어보세요.

일상을 새롭게 하는 네 가지 단계

노력은 가치 있는 일이라고 배웠다. 고난과 역경을 견딘 사람은 성공한다고 들었다. 우리는 어렸을 적부터 이런 이야기에 익숙했다. 그래서 자신의 인생에 노력을 더한다. 더 나은 사람이 되기 위해서. 가끔은 좋아하지 않는 일도 묵묵히 한다. 껄끄러운 사람과도 얼굴을 맞댄다. 회사 일도 모자라 시간을 쪼개 자기계발을 한다. 시간을 돈으로 바꾸고, 돈을 모은다. 더 많은 돈을 모으기 위해 고민한다. 지금보다 더 나아지리라는 믿음으로 치열하게 산다.

지금 여러분은 분명 시간은 없고 해야 할 일만 산더미 같을 것이다. 출퇴근, 수면, 식사, 집안일 등 필수적인 일들을 하고 나면 시간이 없다. 여러 문제로 골치도 아프다. 거대하게 부풀어오른 풍선처럼 톡 건드리면 '펑' 하고 터질 것 같다.

그렇게까지 하는 이유는 하나다. 행복하게 살기 위해.

행복을 위해 필요한 것들, 아니 행복하려면 필요하다고 여기는 것들을 계속 추가한다. 달콤한 열매를 맺기 위해서는 버텨야 한다고 생각한다. 그런데 이상하다. 열심히 했는데 결과는 막상 나타나지 않는다. 더 열심히 하면 더 잘될 줄 알았는데 성공의 자리는 내 것이 아닌 것 같다. 단지 나의 노력이 부족한 걸까? 아니면 노력보다 주변 환경과 운이 더 중요한 걸까? 내가 모르는 성공의 비결을 남들만 알고 있는 걸까? 왜 더 애쓰는데 더 잘 안 되는 걸까?

더 잘해보려고 인생에 자꾸만 무언가를 더 집어넣는다. 이리저리 돌아다닌다. 빡빡하게 일정을 채운다. 그러다 스스로 일상에 압도된다. '바쁘다'라는 생각 때문에 일을 시작하기도 전에 지친다. 삶의 여유란 사치처럼 느껴진다.

생각해보자. 바쁘다는 게 정말 인생을 더 잘 사는 것인지. 내가 정한 꽉 잡힌 일정에 도리어 끌려가고 있는 것은 아닌지. 일상을 원하는 대로 채우기 위해서는, 우선 날 잡아끌고 가는 '바쁜 일정'을 점검해야 한다. 내가 제안하는 것은 다음의 네 가지 단계다.

❶ 지금 내 상태 파악하기

❷ 삶의 군더더기 제거하기

❸ 나만의 프로젝트 더하기

❹ 계속 해나가기

'파악하기, 제거하기, 더하기, 계속하기'라는 네 가지 동사야말로 내가 이 책에서 말하고 싶은 전부라고 해도 과언이 아니다.

첫 번째로 지금 내가 어떤 상태인지 파악해보자. 허무하거나, 일상이 내 맘대로 흘러가지 않는다고 느꼈다면 변화의 필요성을 깨닫는 게 먼저다. 그다음 나에게 불필요한 것들이 무엇인지 정하자. 그리고 빼고, 더한다. 꾸준히.

이 공식의 핵심은 순서다. 우선 현재 상황을 알고 빼는 것부터 시작해야 한다. 삶의 불필요한 것들을 정리하지 않고 새로운 것을 시도하고자 하면 무리하기 십상이다. 나에게 적합한지 아닌지도 모르는 채로 말이다. 무작정 채워넣기만 한다면 일상은 더 복잡해지고, 나중에는 더 쫓긴다는 기분 때문에 오래 지속하기 힘들어진다. 그러니 빼기가 먼저다. 삶에서 줄일 요소를 정하고 과감하고 빠르게 제거해야 한다.

그 자리를 나를 위한 일들로 천천히 채워넣는 것은 그 다음이다. 프로젝트를 정하고 구체적으로 실행하자. 그리고 반복해서 개선하면 된다.

삶의 불필요한 것들을 정리하지 않고 새로운 것을 시도하고자 하면 무리하기 십상이다.

뻔하다고 느낄지도 모르겠다. 하지만 이처럼 본질은 단순한 것이다. 나는 이런 심플한 방식으로 일상의 군더더기를 뺐다. 천천히 나다운 일을 더했다. 또 군살이 생길 무렵에는 점검해서 빼고, 더하고, 빼고, 더하는 것을 반복했다. 이런 행동들이 나를 더 나은 삶으로 이끌었다.

성장은 3분이면 완성되는 인스턴트 카레가 아니다. 조금씩 스며들듯 변해가는 것이다. 마치 가랑비에 옷이 젖는 것처럼. 가끔씩 멈춰 예전의 나를 떠올리면 '내가 정말 이랬었나?' 싶을 정도로 천천히.

지금의 나를 직시하고, 불필요한 것들을 뺀다. 그리고 나를 위한 프로젝트로 일상을 채운다. 계속 그러한 사이클을 반복하다 보면 더 내가 원하는 것이 무엇인지 알게 되고, 자연스럽게 성과도 얻게 된다.

'나다움'은 행동으로부터

나다움은 삶의 중심추를 본인에게 두는 삶이다. 나답게 살기 위해서는 주도적이며 독립적인 삶의 태도를 가져야 한다. 즉 나다움은 머리로 생각하고 정의하는 것으로만 되지 않는다. 행동이 필요하다. 내가 어떤 행동을 하는가에 따라서 내가 어떤 사람인지 결정되는 것이다.

즉 이 책을 읽고 그대로 책을 덮으면 아무 일도 일어나지 않는다. 일주일 뒤, 아니 이틀 뒤쯤에는 이 책의 내용을 잊어버릴지도 모른다. 만약 단 한 가지라도 행동을 바꾼다면? 그때부터 삶은 천천히 다른 방향으로 움직이기 시작한다! 이 책에서 제안하는 활동은 행동으로 실행될 때 비로소 값어치가 있다.

나 역시 그간 읽은 책들로부터 배운 것을 하나씩 적용하고 바꾸고 맞추는 과정에서 원하는 것들을 하나씩 찾을 수 있었다. 여전히 배우는 과정에 있고, 평생 앞으로 나아갈 것이다.

만약 인생이 정체되어 있고 막막하다면 눈 딱 감고 다시 출발선에 서보자. 마음속 허전한 공백을 적극적으로 채워보

자. '언젠가'라는 미래로 더이상 미뤄두지 말자. 정면으로 부딪혀보자. 신발의 먼지를 털어 가보지 못한 길을 걸어 보자. 어느 방향으로 향하면 좋을지는 당신에게 달려 있다. 일단은 운동화를 신는 것부터 시작이다. 몸을 무겁게 하는 짐이 있다면, 출발선에 내려놓자. 걷다 보면 과거의 나는 희미해져 보이지 않을 것이다. 그리고 전혀 보지 못했던 새로운 광경이 펼쳐질 것이다.

만약 단 한 가지라도
행동을 바꾼다면?
그때부터 삶은 천천히
다른 방향으로
움직이기 시작한다!

할 수 있는 일을 하라,

지금 손에 쥔 것을 가지고, 서 있는 그 자리에서.

_ 시어도어 루스벨트

일상을 다시 채우는 한 걸음

#3 일상 점검하기

✦ 지금 바쁘다고 느끼나요? 내 일상에 대해 어떻게 느끼는지 체크해보세요.

□ 상당히 여유가 있고, 하고 싶은 일들을 꽤 할 수 있다.

□ 여유가 부족하고, 하고 싶은 일들을 아주 일부만 할 수 있다.

□ 여유가 전혀 없고, 필요한 일만으로도 바빠서 하고 싶은 일들은커녕 눈앞의 일들을 다 하는 것도 어렵다.

✦ 만약 위에서 두 번째 또는 세 번째 박스에 체크했다면 내 여유를 없애는 가장 큰 원인이 되는 일들은 무엇인가요? 세 가지만 적어보세요.

✦ 2에서 쓴 세 가지 일들에 소요되는 시간을 단축하거나 거기에 드는 노력을 아낄 방법이 있을까요?

02

채우기 위해서는 먼저 비워야 한다

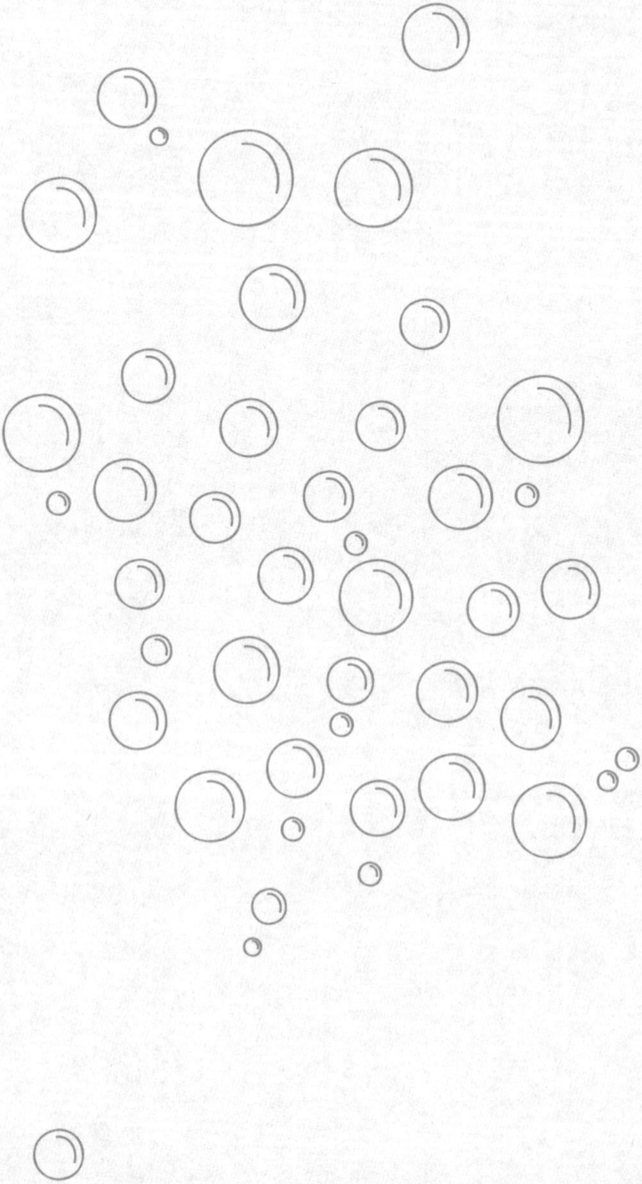

우리에게는
더하기보다 빼기가
필요하다

사람은 하루 24시간을 산다. 여기서 예외인 사람은 없다. 시간은 공평하고 한정적이다. 그러나 같은 시간 동안 같은 삶을 살지는 못한다. 어떤 사람은 삶을 밀도 있게 살아간다. 스스로 시간을 제어할 수 있으며, 자신이 원하는 방향대로 하루를 운영한다.

반면 삶을 바라볼 시간이 없다면서도 자신이 얼마나 시간을 낭비하고 있는지조차 모르는 이도 있다. 감정적으로 지쳐가는 채로 "어디로 흘러가는지 모르겠어요. 그런데 내 인생은 이런 일을 할 시간이 전혀 없다구요"라는 하소연만 한다.

그렇니 우선 비우는 일이 필요하다. 베스트 버전의 나를 만들려면 비워진 상태를 만드는 게 먼저다. 삶의 군살을 털어버리는 인생 다이어트를 시작하자. 굳이 필요하지 않은 일인데 나를 행복하게 해준다고 착각하는 것들을 제거하자. 중요하지 않은 부분에 쓰는 과잉 에너지를 없애자.

굳이 필요하지 않은 일인데 나를 행복하게 해준다고 착각하는 것들을 제거하자. 중요하지 않은 부분에 쓰는 과잉 에너지를 없애자.

물론 내 인생에서 버릴 건 아무것도 없다고 생각할지도 모른다. '시간이 24시간밖에 되지 않는 게 문제야.' 나도 처음에는 그랬다. 지금 있는 행복한 시간을 내 실수로 없애게 되지는 않을까 두려웠다. 이 두려움은 결국 내 삶을 최소한으로 점검해본 적도 없다는 현실만 드러낼 뿐이었다. 나는 계획을 세우고도 허둥댔다. 줄이자고 마음을 먹기는 했지만… 인생의 어디를 줄여야 하는 걸까? 무엇을 뺄 수 있을까? 오랜 탐색 끝에 내 일상을 갉아먹는 것들을 찾아냈다. 그 네 가지는 다음과 같다.

물건 / 사람 / 정보 / 말

방안에 가득 쌓여 있는 물건 때문에 한숨이 나오고 꽉 막힌 기분이 든 적이 없는가? 내가 소유한 물건은 과거의 집착의 결과다. 그로부터 벗어나기 위해 정리가 필요하다.

너무 많은 약속 때문에 지치고 기운이 빠지는가? 혼자 있을 시간이 전혀 없는가? 그동안의 관계를 재검토해봐야 한다.

하루에도 수많은 정보 때문에 이리저리 신경을 쓰지는 않는가? 매일 넘치는 정보는 나의 몰입을 방해하는 가장 큰 적이다.

주변으로부터 부정적인 말을 듣거나, 나 자신이 그런 말을 하고 있진 않은가? 나에게 부정적인 영향을 끼칠 수 있는 사람과 말로부터 '거리두기'가 반드시 필요하다.

일상을 새롭게 채우기 위해서는 의미 없는 것은 과감히 지워야 한다. 모아도 부족한 것 같은 물건, 꼭 필요하지 않지만 만나는 모임, 내가 습관적으로 찾는 과잉 정보들, 그리고 무의식으로 쌓은 말버릇까지. 디톡스가 필요하다.

삶의 군더더기는 단순히 시간만 낭비하게 만드는 게 아니다. 나의 기분, 태도, 정신적 에너지까지 갉아먹는다. 다음 장에서는 이런 군더더기들을 제거하는 방법을 알아볼 것이다.

당신의 방이 당신이다

예전에 나는 물건으로 집 안을 가득 채우는 것을 좋아했다. 하루 중 가장 설레는 일이 택배가 도착했다는 알림이었으니까. 사고 싶은 건 언제나 있었다. 인터넷쇼핑 자체가 취미 생활 같았다. 시간이 나면 쇼핑몰을 돌아다니며 뭐 살 것 없나 하고 두리번거렸다. 살 마음이 없던 제품을 싸다는 이유로 샀고, 갖고 싶다는 마음이 잠깐 들면 나도 모르게 장바구니에 담아놓기도 했다. 집 앞에는 택배 상자가 끊이질 않았다. 퇴근을 하면 으레 문 앞에 놓인 상자를 열어 물건을 꺼내고 박스를 버렸다.

신용카드 개수는 계속 늘어났다. 혜택이 좋은 카드를 비교하고 갈아타면서 나는 현명한 소비자라며 자화자찬했다. 카드가 늘어난 만큼 결제 예정일에 내야 하는 금액도 커졌지만, 이번 달의 나와 다음 달의 나, 그다음 달의 내가 힘을 합하면 뭐든 살 수 있었다. 옷, 가방, 액세서리, 화장품, 책, 카메라…… 그때 내게는 취향이 곧 나였고, '내 취향'이라고 여긴 모든 것들을 가지려 했다. 향수에 빠져 매일 뿌려도 몇 년은 쓸 수 있을 분량의 향수를 샀다. 어느 때는 아날로그 감성이라며 빈티지 카메라, 필름을 수없이 구입했다. 그림을 그린다고 평생 쓰지도 못할 물감을 사 모으기도 했다. 옷장에는 한 번도 입지 않은 옷이 수두룩했다. 취미라도 하나 생겼다 하면 방 한 켠이 그득 채워졌다. 기분이 안 좋은 날에는 쇼핑 횟수도 늘어났다. 일단 좋아 보이면 장바구니에 집어넣었다. 며칠 동안 열어보지 않는 택배 상자도 더러 있었다.

그러던 어느 날, 방 안에서 내가 편하게 있을 곳은 침대 밖에 없다는 것을 깨달았다. 옷장 밖으로 여기저기 널부러진 옷들, 바닥에 깔린 책, 어질러진 화장대. 주변을 둘러보아도 미간이 찌푸려졌다. 내 방의 주인은 더이상 내가 아니었다. 물건들이었다. 버리지도 못하는 것들이 내 방을 온통 차지하고 있었다. 나는 물건이 잡다하게 쌓인 방이 불편했지만 정리할 엄두를 못 냈다. 청소를 하더라도 금방 예전 상태로 더러워졌으니까. 버리지도 못했다. 언젠가 쓸지도 모르니까 하며, 또다시 남겨두는 선택을 했다.

하지만 '소유'가 주는 만족은 한계가 있다. 나도 마음 한구석에서는 알고 있었다. 그만해야 한다고. 물건은 소용없다고. 내 집이 더이상 아늑하고 마음 편한 공간이 아니게 되었다고. 이런 악순환은 끊어야 했다. 물건을 사 모으는 것이 짧은 스트레스 해소 이상은 되지 않는다는 것을 인정해야 했다. 나는 결심했다.

큰 봉지에 하나둘씩 물건을 담았다. 의류, 서적, 서류, 잡화 순으로 이틀 내내 물건을 버렸다. 버린 옷들의 무게를 재보니 70킬로가 넘었다. 책은 100권이 넘었다. 취미로 산 엽서 수백 장도 정리했다. 추억으로 남은 아이돌 가수의 CD도 버렸으며 쓰지 않는 가구, 잡화까지 모조리 버렸다. 아깝지 않은 것은 아니었다. 하지만 필요한 것도 아니었다.

하지만 '소유'가 주는 만족은 한계가 있다. 나도 마음 한구석에서는 알고 있었다. 그만해야 한다고. 물건은 소용없다고.

신기하게도 그 이후로 필

요한 물건 외의 쇼핑을 거의 하지 않게 되었다. 옷을 매달 사던 나였지만, 지금은 일 년에 한두 번 살까말까 한다. 화장품 역시 다 쓰고 난 다음에 구매한다. 지금도 책은 즐겨 읽지만, 많이 사면 그만큼 정리한다. 지금 내 옷과 책, 물품들은 최소한이다. 물건이 어느 정도 쌓이면 비울 궁리부터 한다. 물건이 아니라, 깔끔하게 정돈된 방으로 퇴근하는 일이 내 기분을 좋게 한다. 마치 내 마음도 정돈된 것 같다.

물건을 적게 소유한다고 미니멀하고 텅 빈 방에 살고 있는 것은 아니다. 20퍼센트쯤 부족하다 싶은 정도다. 어느 정도 시일이 지나면 물건들을 비울 게 없는지 찾아본다. 버릴 것이 없는 것 같아도, 또다시 눈에 보인다. 그러니 더 간소해지고, 내가 사는 공간을 더 좋아하게 되었다.

미니멀리즘은 '단순하고 간결한 것이 더 아름답다'라고 생각하는 예술 경향이다. 문화적인 흐름으로 시작했지만 사람들의 삶에도 스며들었다. '삶의 군더더기를 뺀다'는 생각은 미니멀리즘과 맞닿아 있다. 불필요한 것을 최소한으로 하는 삶. 더하기보다는 빼는 삶이다. 누군가는 미니멀리즘이 추구하는 바가 '무소유의 삶'은 아닌지 오해할 수도 있겠다. 아무것도 가지지 않는 것, 그런 결핍은 나와는 맞지 않는다고 여길 수도 있겠다. 하지만 내가 말하는 것은 그런 게 아니다. 내가 말하는 미니멀리즘은 '가장 중요한 것만 남기고 나머지에는 덜 신경 쓰는 삶의 방식'이다.

물건과 지금 당장 내 삶이 나아지는 게 무슨 상관이냐고? 마쓰다 미쓰히로는《청소력》에서 이렇게 말한다. "당신이 사는 방이, 당신 자신이다." 나는 이 말에 동의한다. 물건은 우리의 삶을 그대로 반영한다. 물건을 버리고 나서야 깨달았다. 방이 내 마음을 그대로 반영했다는 것을. 물건으로 꽉 채워져 있던 나의 방은 나의 삶 그대로였다. 무엇을 원하는지도 모르는 채 좋아 보일 듯한 것을 채워넣고 있었다.

설레지 않으면
버려라

'빼기'의 첫 번째 스텝은 가지고 있는 물건을 버리는 것이다. 책을 내려놓고 집을 한 번 빙 둘러보자. 정리할 것들이 있는지 살펴보자. 눈에 띄는 것들이 보일 것이다. 이제 입지 않는 옷, 언젠가 다시 읽을 거라고 다짐했던 책, 비싸서 버리지 못했던 잡화, 취향은 맞지 않지만 버리는 게 아까워 둔 물건. 아마 이런 게 집에 있었던가 싶은 것들도 보일 것이다. 목록을 적었다면, 모두 꺼낸 뒤 버릴 것을 정하자.

《설레지 않으면 버려라》의 저자 곤도 마리에는 옷, 책, 종이, 잡화, 심지어 추억거리마저 정리해야 한다고 말한다. 공간별로 구분하기보다 물건별로 카테고리를 정해보자. '이번에는 옷을 싹 정리해서 버리자' '책을 정리하자'라는 식으로 말이다. 버리는 기준도 있다. 1년 이상 사용할 일이 없는 것을 후보로 둔다. 그다음 더이상 이 물건이 나에게 좋은 감정을 전해주지 않는다면 버린다. 우리는 물건이 필요해서 사기도 하지만 대부분은 욕망으로 산다. 그 물건을 사면 만족스러워지겠지, 하는 기대감 때문이다. 먼저 욕구를 느끼고, 그 이후에 논리를 끼워 맞춘다. 만족감을 잠시 얻더라도 시간이 지나면 처음에 설렜던 감정을 똑같이 느끼기란 쉽지 않다. 그러니 더이상 그런 감정을 일으키지 않는 물건은 버려보자.

> 《설레지 않으면 버려라》의 저자 곤도 마리에는 옷, 책, 종이, 잡화, 심지어 추억거리마저 정리해야 한다고 말한다.

언젠가는 쓰게 될지 모르

니 아깝다고? 나는 주기적으로 물건을 버리지만, 그 물건이 다시 생각나거나 필요해진 경우는 단 한 번도 없었다. 지금도 우리 방 안에 언제 샀는지 기억도 나지 않는 것들이 구석구석 숨겨져 있다는 것을 깨닫자. 값어치는 이미 다했다고 여기자. 과감해져야 한다. 역할을 충분히 다했다고 생각되는 물건은 보내주자. 진짜 필요하면 그때 산다는 마음을 먹는 것도 좋다.

방을 정리하는 것만으로도 기분을 얼마나 바꿀 수 있는지는 해보지 않고서는 알 수 없다. 불필요한 것들을 버리고 나면 가볍고 유쾌한 감정이 방을 가득 채워줄 것이다.

✦ 다음의 방법으로 정리의 날을 실행해보세요.

❶ 옷, 책, 종이(서류), 잡화, 추억거리 등 정리할 카테고리를 정한다.

❷ 정리할 물건을 한 곳에 꺼내놓는다.

❸ 버릴 것과 버리지 않을 것을 구분한다.

❹ 버릴 것으로 구분한 것은 당일 버린다.

'당장 쓰진 않겠지만' 버리기 아깝다는 생각이 드는 것은 버립시다. 정리의 날에 버린 물건이 나중에 필요하게 된 경우는 거의 없습니다. '이건 정말 소중한 거야!'라는 마음이 드는 것만 남겨놓아도 충분합니다.

✦ 어떤 것을 얼마나 버렸나요? 대략 결산해보세요.

✦ 버린 것들 중 기억에 남는 것이 있나요? 세 가지만 기념으로 적어보세요.

✦ 정리의 날을 보내고 난 뒤, 어떤 마음이 들었는지 적어보세요.

혼자 있는 시간의 힘

우리의 삶은 다른 사람들과 연결되어 있다. 회사에 출근해서 사람들과 만나고, 친구와 그리고 연인과도 만난다. 아이가 있다면 거의 24시간 내내 돌봐야 한다. 물리적으로 떨어져 있어도 연결은 끊기지 않는다. 몸은 혼자 있되, 혼자가 아니다. 카톡으로 사람들과 대화하며, 인스타그램·페이스북·유튜브 등으로 사람들의 글과 영상을 본다. 우리의 대부분 시간은 남들과 함께 보고 듣고 읽고 말하는 상태라고 해도 무방하다.

내 대학교 1학년 시절 목표는 '사람을 많이 사귀는 것'이었다. 모든 모임에 참여하기 위해 부단히도 애썼다. 나의 내향적인 성격을 바꿔, 외향적인 사람으로 보이고 싶었다.

선배가 부르면 언제나 달려갔고, 술자리에도 새벽 늦게까지 남았다. 주말에도 약속을 가득 채웠으며 졸업한 선배와도 안면을 트기 위해 노력했다. 휴대폰에 연락처를 추가해나가면서, 이게 바로 인간관계 노하우라고 생각했다. 학업보다도, 나 자신보다도 인간관계가 우선이었다. 모든 사람에게 잘 보여야 한다는 생각에, 주변을 지나치게 의식하느라 휘둘리는 일도 잦았다. 나는 조금씩 지쳐갔고, 더 외로웠다. 사람들이 왁자지껄 가득 모인 자리에서도 나 혼자 떨어진 것 같은 기분이 들었다.

10년이 지난 지금 연락하는 사람은 두 명 정도다. 그때의 관계는 대학이라는 울타리 안에서만 가능했다. 휴대폰에 연락처를 가진 사람 중 1년 내에 연락하는 사람은 열 명도 안 된다. 놓아버리는 순간 지속되지 않을 관계를 붙잡고 있었던 것이다. 내 시간과 에너지를 무리해 쏟으면서, 그럼에도 나 자신은 외로워하면서. 후회는 소용없는 것이지만, 그때 조금만 더 혼자 있으면서 나 자신을 가꿀 수 있었다면 어땠을까 싶은 생각이 때때로 드는 걸 어쩔 수 없다.

소통하고 싶은 건 인간의 기본적인 욕구다. 사람은 서로 의지하며 사는 사회적 동물이다. 혼자서는 살 수 없다. 사람들과 대화를 하고 함께 시간을 보내면서 얻는 행복은 삶의 중요한 요소이기도 하다. 하지만 인간관계보다 자기 자신을 돌보는 시간을 우선해야 한다.

사람은 외롭다고 느끼는 때가 있다. 마치 사막 한가운데 떨어져 있는 듯이. 그래서 방법을 찾는다. 공허함은 쉽게 채워지지 않는다. 외로우니 사람들을 만나고 싶다. 누군가가 내 옆에서 이야기를 들어주면 텅 빈 마음도 괜찮아질 것 같다. 외롭고 싶지 않아서 약속을 만들고, 만남을 더하고 더한다. 그러나 계속 연결되어 있는 것이 꼭 좋은 것은 아니다. 연결되는 일에 의존하게 될 수 있다. 주변의 관심을 받는 것만이 목적이 될 때, 남들이 평가하는 자신을 내가 보는 자신과 동일시할 때, 나는 주변에 휘둘린다. 내면에 있는 목소리보다 외면적인 것을 추구하게 된다. 마치 채울 수 없는 양동이에 계속 물을 붓듯이.

외로움의 근원은 외부에 있는 것 같지만 실은 내부에 있다. 삶의 중심을 자신에게서 찾지 않고 밖에서 찾을 때 외로움이 침입한다. 소설가 마크 트웨인은 "최악의 외로움은 자기 자신이 불편하게 느껴지는 것이다"라고 말했다. 자신과 먼저 친해지지 못하면 계속 공허하기만 하다. 나 자신에게서 등을 돌리고 나면 진정한 내 모습을 알지 못하게 된다. 세상에서 규정하는 나의 모습만이 내가 아니다.

자기계발서의 고전이라 할 스티븐 코비의《성공하는 사람들의 7가지 습관》에서는 성공을 위한 첫 번째 습관은 주도성을 가지는 것이며, 이를 위해서는 혼자 있는 시간이 필요하다고 했다.

혼자 훌쩍 여행을 떠나고 싶은 마음이 든 적이 있는가? 혼자 마음 정리가 필요할 때 그런 느낌이 든다. 우리는 고독한 시간이 필요하다는 것을 본능적으로 안다. 고독은 외로움과 마찬가지로 홀로 있는 상태다. 이 역시 세상과 분리되었을 때 느끼는 감정이다. 외로움과 비슷해 보이지만, 고독은 타인과 멀어져 쓸쓸하다고 느끼는 감정이 아니라 '내 의지로' 주변과 거리를 두었을 때 느끼는 감정이다. 고독은 외로움과 달리 우리 삶에 필요하다. 고독은 내면을 강하게 만들어준다.

혼자 있는 시간을 만들면 두 가지 일을 할 수 있다.

첫 번째, 나를 돌아볼 수 있다. 고독한 시간이야말로 오롯이 나에게만 집중할 수 있는 때다. 나는 새벽에 홀로 있는 시간을 가장 좋아한다. 세상에 나 말고는 아무것도 깨어 있지 않은 듯한 느낌이 든다. 연결되어 있는 모든 선이 끊어진 상태. 잡음 없이 깨끗한 상태. 그 시간에 나는 하루 일과를 계획하고 생각을 정리한다. 실타래처럼 엉킨 문제들을 한 올 한 올 풀 수도 있고, 내 상황을 조금 멀리서 객관적으로 조망해 볼 수도 있다. 나는 이 시간에 머릿속에 든 것들을 글로 꺼낸다. 계획도 세운다. 삶에 필요한 프로젝트를 구상해보기도 하고, 새로운 아이디어를 짜기도 한다. 혼자 있는 때야말로 평소 내가 가진 생각들을 꺼내 펼쳐볼 수 있는 적기인 것이다. 또 그동안의 삶을 천천히 돌아보고 정리할 수도 있고, 인생 목표를 정할 수도 있다. 꺼낸 것들을 살펴보고, 구체적으로 행동할 방법을 만들 수도 있다. 그만큼 점점 나 자신도 잘 알게 된다.

두 번째, 받아들일 수 있다. 새로운 지식을 효과적으로 흡수하는 데에도 혼자 있는 시간이 필요하다. 물론 타인과 있을 때도 가능하지만 몰입의 정도가 다르다. 집중력을 흩뜨리는 것을 배제한다면 한 가지 일에 전력을 다할 수 있다. 그동안 하고 싶었던 공부를 할 수도 있고, 책을 읽을 수도 있다.

혼자 있는 시간을 만들기 위해서는 의도적으로 다른 시간을 비워내야 한다. 남들과 시간을 보내기 전에 나 자신과 먼저 만나자. 가장 효과적인 방법은 약속을 거절하는 것이다. 자신의 스케줄 가운데 10퍼센트 정도라도 약속 없는 빈 시간을 만들 수 있다면 충분하다. 나와 연결되어 있는 사람, 모임, 집단을 다 적어보자. 그리고 거절할 수 있는 약속은 거절하자. 내가 정말 좋아하고 행복한 시간을 없애는 것이 아니다. 어쩔 수 없이 하는 회식, 모임, 단톡방 등 원치 않는 시간 낭비를 줄이자는 것이다. 횟수를 줄이는 방법도 있다. 좋은 관계는 자주 만나지 않아도 어제 만난 것처럼 즐거울 것이다. 그러니 혼자 있을 시간이 없다면 거절해야 한다.

혼자 있는 시간을 만들기 위해서는 의도적으로 다른 시간을 비워내야 한다. 남들과 시간을 보내기 전에 나 자신과 먼저 만나자.

모든 사람들의 관계를 다 끊고 혼자 살자고 말하는 게 아니다. 다만 관계에 대한 사고를 재정립하고, 짧아도 좋으니 의도적으로 나에게 집중하는 시간을 따로 만들자는 뜻이다. 나만을 위한 시간, 외부로부터 아무런 영향을 받지 않는 시간을 10분이라도 가져보자. 주변에 신경 쓰이는 것이 있다면 혼자 있는 것이 아니다. 휴대폰을 들여다보며 이리저리 연락처를 누르면서 생각을 분산시켜서도 안 된다. 모든 것과 단절하고, 오로지 나 자신에게만 집중해야 한다.

인간관계나 일은 중요하다. 다른 사람과 함께 하는 일은 그 자체로 삶의 큰 행복이다. 하지만 가끔은 멈춰서 주변을 정리해볼 필요도 있다. 관계를 비우면 시간이 늘어난다. 물론 이 과정이 쉽지는 않다. 거절은 어렵다. 허전함 때문에 텅 빈 듯 느껴질 수도 있다. 하지만 비우지 않으면 나아갈 수 없다. 혼자만의 시간을 견딜 수 없다면 내면을 강하게 단련하지도 못한다.

순간적으로 외로움을 느낄 것이다. 가끔은 아무 생각 없이 누군가와 떠들고 싶을 때도 있을 테고. 하지만 나는 가끔 외로울 때 오히려 나와 더 가까워짐을 느낀다. 고독을 환영해보자. 고독과 함께여야만 온전한 나 자신을 알게 되니까.

✦ 내가 자주 만드는 약속들이 무엇인지, 누구와 어떤 이유로 만나는지 써보세요.

✦ 내가 속해 있는 단톡방 중 시간을 많이 쓰는 곳은 어디인지 써보세요. 거기서 어떤 이야기가 주로 오가는지 간략하게 써보세요.

✦ 위에서 쓴 것 중 줄이거나 없애도 되는 모임이 있을지 생각해보세요.

소음에서
벗어나기

우리는 하루 종일 TV, 신문, 포털사이트의 뉴스, SNS 등을 통해 많은 정보를 접한다. 휴대폰에 설치되어 있는 앱들은 어떤가? 앱에서 보내는 팝업 메시지가 하도 많아 그걸 읽는 데에도 시간이 걸린다. 문자메시지와 이메일은 광고로 넘친다. 모르는 번호로 광고가 올 때면 도대체 내 휴대폰 번호는 어디까지 퍼진 걸까 상상해본다.

콘텐츠의 홍수 속에서 익사할 지경이다. 우리는 무의식적으로 스크롤을 내린다.

링크, 다음 링크, 그다음 링크.

화제성 있는 이슈는 카톡으로 공유된다. 흥미로운 뉴스 기사의 밑에 걸린 또다른 뉴스를 누른다. 아차, 하는 느낌이 들 때면 시간은 한참 흘러가 있다.

자극적인 콘텐츠는 내 관심을 끌기 위해 정교하게 설계되었다. 그리고 사람들이 오랫동안 머무를 수 있도록 만든다. 그런 콘텐츠의 목적은 트래픽 유지이며, 그로 인해 광고 수익을 얻는다. 흥미로운 소재로 사람들 반응을 끌어내는 것이 목적이다.

읽는 입장에서는 어떨까? 알면 도움이 될 것 같아 꼭 읽어보지만 하루가 지나면 금방 까먹지 않는가? 어제 무엇을 봤는지 모르는 경우가 다반사다. 대부분의 콘텐츠는 트래픽을 위해 작성되기 때문에 기대만큼 좋은 정보를 얻을 수 없다. 또한 자극적이며 부정적인 내용이 많다. 좋은 뉴스보다 나쁜 뉴스의 전파력이 훨씬 크다.

지금 읽고 있는 사건과 사고를 내가 꼭 알아야 할까? 그 정보들로 소중한 시간을 낭비할 이유가 있을까? 잠깐 머리를 식히기 위한 휴식 같기도 하지만 그렇게 시간을 보내는 것은 입이 심심해서 먹는 뻥튀기 과자와 같다. 멈추지 않으면 계속 우리의 시간을 잡아먹기만 할 것이다.

보통의 경우 우리는 10분쯤 시간이 날 때 이런 콘텐츠를 본다. 그렇다면 우리는 시간이 있는 것이다. 짧은 시간이 모이고 모이면 무시할 수 없는 시간이 축적된다. 과거의 나도 휴대폰을 보면서 시간을 때우는 경우가 많았다. 하지만 그런 시간에 할 수 있는 일들이 찾아보면 무궁무진하다는 것을 깨달았다.

'빼기'의 궁극적인 목적은 '굳이 하지 않아도 될 일'을 찾아 제거하는 것이다. 우리의 읽기 습관 중에는 소소한 즐거움을 위한, 허무함을 채우기 위한 일도 있을 것이다. 그러므로 물건이나 인간관계만큼 소비하는 정보도 줄여야 한다. 현대인의 시간을 가장 많이 빼앗는 것이 불필요한 정보이기 때문이다.

관심사를 제한하는 것만으로도 훌륭한 빼기다. 물건처럼 나중에 필요한 정보는 다시 추가하면 된다. 지금 중요한 건 얼마나 시간을 확보할 수 있느냐다. 반복해서 말하지만 비우지 못하면 채우지 못한다. 현재의 일상을 유지하면서 무언가를 추가할 수는 없다. 모두 없애버리면 나의 소소한 행복이 깨질까봐 두려울 수도 있다. 하지만 나는 이렇

물건이나 인간관계만큼 소비하는 정보도 줄여야 한다. 현대인의 시간을 가장 많이 빼앗는 것이 불필요한 정보이기 때문이다.

게 빼고 줄인 뒤 다시 찾지 않는 것들이 많았다. 오히려 앞으로 채우는 것들이 더욱 흥미로워서 관심이 없어졌다는 것이 더 정확할 것이다.

내가 평소에 읽는 콘텐츠 리스트를 써보자. 생각나는 대로 다 써보자. 그런 다음 휴대폰을 들어 안 보면 아쉽겠지만 버릴 수 있는 정보들을 지워보자. 어플을 지우고, 즐겨찾기를 삭제하자. 지운다고 해서 절대로 보면 안 된다는 것이 아니다. 흥미도 없는데 습관적으로 보는 것들을 지우란 뜻이다.

1. 경제 뉴스를 제외한 신문
2. 쇼핑 정보
3. 게임
4. 웹툰
5. 드라마
6. 예능
7. 뉴스레터

이 리스트는 즐겨 찾는 정보였으나 이제는 찾지 않는 것들이다. 단순히 해야 한다는 압박감이 들거나, 순간의 즐거움으로 끝나거나, 허무한 마음이 드는지를 기준으로 판단했다. 한때 스트레스 해소에 도움이 된다고 생각했던 것들이었다. 잠시 현실을 잊을 수 있는 탈출구 같았다. 하지만 그건 착각이었다. 순간적인 즐거움을 줄 수는 있었지만 그 이상 아무것도 아니었다. 짧은 즐거움 이후에는 허무함이 파도처럼 밀려왔고, 문제가 해결되지도 않았다.

시험 삼아 일주일 정도라도 알람을 몇 개 꺼보자. 앱을 지워보자. 나중에 정말 필요하다면 다시 깔면 된다. 휴대폰을 꺼놓고 디지털 단식을 해보자. 읽지 않아도, 보지 않아도 나의 세상에 아무런 일도 일어나지 않는다는 것을 깨달을 것이다.

내게 정말 필요한 정보는 무엇일까? 내가 오랫동안 좋아할 수 있고 해낼 수 있는 것으로 정보를 구성해보자. 시간을 잡아먹고 집중력을 흩뜨리는 것들을 과감히 빼자.

✦ 휴대폰, PC, 책, 매거진 등 내가 정보를 얻는 매체를 모두 꺼내놓고 정리해봅시다. 이 가운데 그다지 필요 없으면서도 내가 시간을 보내는 것이 있다면 과감히 지워봅시다.

✧ 휴대폰

예) 게임, 시간 때우기용 앱, 광고 문자, 알림톡 등

✧ PC

즐겨찾기, 메일함, 뉴스레터

✧ 책, 매거진

✦ 원데이 디지털 디톡스! 주말 하루를 정해 휴대폰을 꺼놓고 생활해봅시다.

내 인생의 금기어

대화를 나누고 나면 지치고 기분이 안 좋은 사람이 종종 있다. 보통은 내가 하는 말에 부정적으로 반응하는 사람이거나, 상대방의 말을 끊고 자기 말만 하는 사람들이다. 아마 여러분 주변에도 있을 것이다. 그들과 대화를 마치면 기가 쏙 빨린 것 같은 느낌이 든다. 이런 유형의 사람을 존 고든의《에너지 버스》에서는 에너지 뱀파이어라고 부른다. 에너지 뱀파이어란 말 그대로 다른 사람의 기운을 빼앗는 사람이다. 그들은 매사에 부정적이다. 세상에 대한, 사람에 대한 불평불만만 하고 듣는 이의 기분을 생각하지 않는다. 에너지 뱀파이어들은 남의 기운을 빼앗는 데 선수이면서도 자신이 그런 존재인지는 모른다. 가족, 직장 동료, 친구, 연인일 수도 있고 혹은 나

에너지 뱀파이어란
말 그대로 다른
사람의 기운을 빼앗는
사람이다.

자신일지도 모른다.

말은 마음을 표현하는 대표적인 수단이다. 처음 만난 사람이라도 그 사람의 말을 주의 깊게 듣다 보면 이 사람이 어떻게 삶을 살아가는지 약간은 알 수 있다. 말이란 삶의 태도에 근거해서 나오는 결과물이기 때문이다. 매사에 부정적인 사람은 왜 그렇게 말을 하는 걸까? 인생이란 힘들고 험난한 곳이라고, 자신이 뭘 해도 상황은 쉽게 변하지 않는다고 여기기 때문이다. 그렇기 때문에 세상에 적대적이다. 그 결과 남을 쉽게 비난하고 질투한다. 반면 긍정적인 말을 자주 하는 사람도 있다. 그들은 왜 그럴까? 삶의 힘겨운 난관도 성장을 위한 시련이라 생각하기 때문이다. 실패에서도 긍정적인 면을 찾는다. 자신의 미래를 희망적으로 바라보며 운명을 바꿀 수 있으리라 믿는다. 그렇기 때문에 주변에 휘둘리지 않고 실행한다. 감사하는 마음을 갖고 있으며 자신만 생각하지 않는다. 앞으로 묵묵히 나아간다. 그런 마인드를 가진 사람을 만나면 에너지를 받는 기분이다.

이처럼 생각은 말로 표현된다. 그런데 반대로 의식적인 말로 생각을 바꿀 수도 있다. 긍정적인 말을 계속 쓰면 생각이 긍정적으로 변한다. 부정적인 말을 하지 않으면 부정적인 생각을 하지 않는다. 말 또한 무의식적으로 더해진 습관이다.

예전에는 나도 모르는 사이 부정적인 말을 자주 하곤 했다. 상황이 힘드니 내가 부정적으로 행동하는 것 또한 당연하다고 여겼다. 그래서 다른 사람들에게 하소연을 하며, 내 처지가 불쌍하다며 토로했다. 자기연민에 찌들어 있었다. 스스로 의식하지는 못했지만 나는 에너지 뱀파이어 그 자체였을 테다.

하지만 책을 읽고 나서 부정적인 말들은 인생에 전혀 도움이 안 된다는 걸 알았다. 곰곰이 생각해보니 부정적인 생각을 해봤자 내 인생에 도움되는 것이 아무것도 없었다! 그 이후 나는 일부러 긍정적인 책을 읽고, 긍정적인 말을 들으며, 긍정적인 사람들을 더 만났다. 좋은 말을 들으면 들을수록 나 또한 긍정적으로 말하기 시작했다.

내가 하지 않는 말 세 가지

나는 금기어 세 개를 정했다. 무심코 튀어나오지만 절대로 이

득이 될 수 없는 말들이다. 예전엔 그 말을 쓸 이유가 없는 상황에서도 썼다. 동전을 넣고 버튼을 누르면 툭 하고 튀어나오는 자판기처럼. 하지만 그런 말들은 상황을 악화시킬 뿐 전혀 도움이 되지 않았다. 나는 다음과 같은 기분이 들어도 의식적으로 그 말을 하지 않기로 했다.

① 바쁘다

시간은 누구에게나 24시간이다. 시간을 어떻게 활용할지는 전적으로 내가 정한다. 오늘 하루를 바쁘게 보냈는데 무슨 일로 보냈는지 모르겠다면 문제가 있다는 신호다. 시간을 잘 사용하는 사람일수록 바쁘다는 말을 안 한다는 것을 알게 되었다. 주변 사람들이 보면 동에 번쩍 서에 번쩍하는 듯 성과를 내면서도 말이다. 이제 나도 바쁘다는 생각이 들어도 입으로 꺼내 불평하지 않기로 했다. 오히려 왜 바쁘다고 느껴지는지, 무엇이 문제인지, 조급한 마음이 바쁘다고 느끼게 만드는지를 생각해보기로 했다. 그리고 내 스케줄을 점검하기로 했다.

② 때문에

나쁜 상황에서 내 마음을 합리화하는 가장 쉬운 방법은 '탓하기'다. 상사 때문에, 부하 때문에, 부모님 때문에, 남편 때문에, 아내 때문에. 탓하기 시작하면 끝이 없다. 상황이 이래서, 나이가 들어서, 돈을 벌어야 하니 어쩔 수 없어서. 책임을 전가하는 건 참으로 쉬운 일이다. 물론 우리가 제어할 수 없는 일은 많다. 하지만 진심으로 그 때문에 할 수 없었던 건지 생각해보자. 단순히 안 되는 이유를, 실패하는 이유를 빨리 누군가에게 넘기고 정당화하려 했던 건 아닐까?

살면서 원하지 않는 사건은 일어날 것이고 죽기 전까지 그러할 것이다. 하지만 어떻게 대응하느냐는 나의 선택이다. 나로부터 일어난 것이라고 생각하면 주도권을 내가 잡는다. 하지만 누군가의 탓으로 돌리면 내가 해결할 수 없다. 탓하지 말자. 얻는 건 아무것도 없다.

③ 어차피

이 말을 쓰는 순간 자기비하가 시작된다. '어차피 내가 이렇지 뭐. 난 역시 안돼.' 나락으로 떨어지는 건 순식간이다. 나에게 가장 관대할 수 있는 것도, 심한 잣대를 세우는 것도 자기 자신이다. 완벽한 사람은 없다. 완성형 인간 또한 없다. 부족한 게 당연하고, 처음에는 누구나 초보자다. 비난은 실력을 키울

싹을 자른다. 성장에는 칭찬이 꼭 필요하다.

그런데 우리는 스스로에게 가장 엄격하다. 남들이 하지도 않을 가장 심한 비난을 떠올리지 않는가? 세상에서 가장 심한 악플러는 나 자신일지도 모른다. 실패하거나 일이 잘 풀리지 않을 때 더욱더 내 안의 악플러는 기세등등해진다.

나는 이런 기분이 들 때도 이 말은 절대 꺼내지 않기로 했다. 세상에 '어차피'라는 건 없다. 미래의 일은 아무도 모른다. 그러니 나는 충분히 할 수 있고, 그만큼 노력할 수 있다고 믿어야 한다. 스스로를 가장 응원해주어야 한다. 그게 나에게 유리한 생각이기 때문이다.

그럼에도
불구하고

앞의 세 가지 말을 내 인생에서 뺐다. 바쁘다, 때문에, 어차피. 물론 이런 기분을 느끼지 않는 것은 아니지만 말로 꺼내지 않으려 의도적으로 연습했다. 그렇게 시도하고 보니 힘들 때도 이 세 가지 말이 잘 떠오르지도 않게 되었다. 오히려 힘든 상황을 바꾸기 위한 긍정적인 말을 더 찾아보게 되었다.

부정적인 생각이 들 때마다 '그럼에도 불구하고 내가 할 수 있는 건 뭐지?'라고 생각해보자.

내가 가장 좋아하는 말은 '그럼에도 불구하고'다. 힘든 상황이었지만 그럼에도 불구하고 성공했다. 반전의 말이다. 힘이 있는 말이다. 나는 이 말을 떠올릴 때마다 상황에 휘둘리지 않고 자신의 발로 우뚝 서 있는 한 사람을 떠올린다. 부정적인 생각이 들 때마다 '그럼에도 불구하고 내가 할 수 있는 건 뭐지?'라고 생각해보자.

물론 마음을 먹는다고, 말로 꺼내지 않는다고 부정적인 마음을 완전히 없앨 수는 없다. 부정적인 마음을 뿌리 뽑아야 한다고 주장하는 것도 아니다. 나는 오히려 긍정이 있기에 부정도 있다고 믿는다. 이는 자연스러운 인간의 감정이며 두 가지 감정 모두 내 안에 존재한다. 다만 부정보다 긍정이 인생에 더 유리하기에 선택한다. 말을 꺼내는 것은 나의 선택이다. 부정을 말로 꺼내는 순간 해결책은 사라진다. 부정적인 기분을 방 안에 머물다가 금방 사라지는 뿌연 연기라고 생각해보자. 그리고 그 안개가 사라질 때까지 기다리기만 하는 것이다. 반응하지 않는다는 대응을 선택하는 것이다.

의도적으로 말을 바꾸는 것이 어색하게 느껴지는가? 자연스러운 자신이 아닌 것 같아 걱정되는가? 과거의 성격도 타고난 것은 아니다. 사람의 타고나는 기질도 있겠지만 삶을 대하는 자신의 태도만큼은 바꿀 수 있다고 나는 믿는다. 지금의 성격 역시 주변 상황으로부터 영향을 받으며 쌓여 만들어진 것이다. 그러니 스스로 좋은 환경을 만드는 것은 결코 부자연스러운 게 아니다.

부정적인 말버릇이 있다면 금기어 리스트를 만들어보자. 잘 모르겠다면 조심스럽게 주변 친구에게 물어보는 것도 좋다. 우리는 스스로 원하는 모습으로 바뀔 수 있다.

일상을 다시 채우는 한 걸음

#7 금기어 정하기

✦ 습관처럼 쓰는 부정적인 단어가 있는지 점검해봅시다. 만약 잘 모르겠다면 주변에 용기내어 물어보고 세 가지만 적어보세요.

✦ 앞에서 쓴 부정적인 단어 대신 자주 소리내어 말하고 싶은 긍정적인 단어가 있는지 생각해보세요.

모든 것을 다 빨 필요는 없다

80:20 법칙이 있다. 파레토의 법칙이라고도 한다. 빌프레도 파레토가 개미를 관찰해 발견한 법칙을 인간 사회에 적용한 것으로, 80퍼센트의 결과가 20퍼센트의 원인에서 발생한다는 논리다. 20퍼센트의 부자가 전체 부의 80퍼센트를 가지고 있다거나, 기업의 직원 가운데 20퍼센트가 80퍼센트의 매출을 만들어낸다는 것 등이다. 나는 이것을 개인의 노력에도 적용할 수 있다고 생각한다. 내 삶을 이루는 것 가운데 20퍼센트에만 집중해도 충분히 행복해질 수 있으며, 더 나은 삶을 살 수 있다.

이 원칙에 따르면 우리의 삶도 20퍼센트의 행동으로 인해 80퍼센트의 결과가 도출된다. 즉 20퍼센트만 바꾸어도 삶의 전반적인 부분이 바뀔 수 있다는 것이다. 그러니 100퍼센트를 다 바꿀 필요가 없다. 모조리 뜯어고치지 않아도 된다. 지금 나에게 20퍼센트만 더 나은 방향으로 바꿀 수 있을지 검토하면 된다. 즉 일상 채우기 기술에서 가장 중요한 건 '우선순위'다.

나 역시 24시간 전체, 내 생활 전체를 바꾸지 않았다. 밤새 일하며 의지를 불태우지도 않았고, 무리하게 성격을 바꾸려고 하지도 않았다. 나를 들여다보면서 아주 천천히 작게 시도했을 뿐이다. 아마도 그런 경험이 있을 것이다. 의욕에 가득 차서 좋은 습관들을 들이려고 노력해보았으나 점점 버거워져 포기했던 일이. 100퍼센트의 전력투구만 노력인 것은 아니다. 자신의 100퍼센트를 발휘해서 매일을 살 수 있는 사람은 극히 드물 것이다. 오히려 정해진 작은 분량만큼을 꾸준히 해내도록 집중하는 것이 노력의 정의에 더 부합하지 않을까.

지레 겁먹을 필요는 없다. 처음부터 완벽해야 한다고 생각하면 첫 걸음을 뗄 수 없다. 완벽하지 않아도 된다. 처음에 5퍼센트만 바꿔도 변화는 시작된 것이다. '고작 5퍼센트'라는 마음이 든다면, 과거에는 전혀 바꿀 생각도 하지 않았다는 사실을 떠올려보자. 변화는 거창한 것이 아니다. 하루하루의 작은 일이 쌓여 크게 뭉쳐지는 일이다. 하루아침에 다른 사람이 될 수는 없다. 끈기를 가지고 천천히 변해야 한다. 시간이 지나면 비로소 알게 될 것이다. 그 쌓이고 쌓인 시간이 나를 바꿔놓았다는 것을 말이다. 중요한 건 마음을 먹는 것이다. 시도해보고 불편하다면 원래 삶으로 돌아와도 된다. 원하는 정답이 짠 나타나면 좋겠지만 해보기 전까지는 알 수 없다. 시도를 해봐야 결과를 얻는다. 그리고 시도해서 손해 보는 것은 거의 없다. 한 발 앞으로 내딛는 것만으로도 충분하다.

정기적으로 비우기

앞에서 우리는 네 가지 항목을 비우는 일을 살펴봤다. 물건, 사람, 정보, 말.

살면서 습관처럼 키워온 이것들을 모두 한꺼번에 정리하기란 불가능하다. 말끔하게 비우면 좋겠으나, 단 한 번에 싹하고 끝나는 것이 아니라는 뜻이다. 모두 비웠다고 생각하더라도 시간이 지나면 자연스럽게 무언가로 채워질 것이다. 우리는 계속 물건을 살 것이며, 사람을 만날 것이고, 또 새로운 콘텐츠를 구독하고, 부정적인 말을 할 것이다. 마치 부메랑처럼 정기적으로 비우는 시간을 가지는 것만으로도 내가 무엇으로 삶을 쓰고 있는지 정확히 인식할 수 있다.

다시 자신의 손으로 돌아오는 것도 있을 것이다. 이는 자연스러운 현상이다. 다만 정기적으로 비우는 시간을 가지는 것만으로도 내가 무엇으로 삶을 쓰고 있는지 정확히 인식할 수 있다.

나는 반년마다 삶의 군살을 빼는 시간을 가진다. 이 네 가지 분야에 대해 점검한다. A4 용지에 가로 세로 선을 크게 그려 공간을 나눈 뒤 지금부터 무엇을 비울 수 있을지 한 시간 정도 써본다. 대략 적은 물건들을 한 번 눈으로 확인한 다음 정리하고, 그다음에 구독한 콘텐츠·앱·즐겨찾기·메일함을 삭제한 뒤 주기적으로 오는 광고성 메일을 차단한다. 지금 내가 지속하고 있는 모임에 대해서도 점검한다. 마지막으로 나의 언어 습관을 떠올려본다. 최근 사람들과의 대화에서 나는 어떤 주제로 말하고 있는가, 내가 정한 금기어를 쓴 적은 없는가? 이런 식으로 검토하는 데 하루 정도 걸린다. 한 달에 한 번도 좋고 반년에 한 번도 좋다. 연말에 마지막으로 정리하는 것도 추천한다.

이렇게 한 번씩 주기적으로 시간을 내는 것만으로도 내 머릿속이 맑아지는 느낌이 든다. 그리고 다시 무언가를 해나갈 에너지가 채워진다. 마치 집안을 대청소하는 것처럼 삶도 청소하는 기분이다. 만약 변한 게 많지 않더라도 자책하지는 말자. 우리는 조금씩 변화하길 바라는 것이지 아예 다른 사람이 되려는 것이 아니니까.

이런 정기점검을 계속 해나가다 보면 어느새 자신의 옛 모습이 아득하게 느껴질 정도로 달라져 있을 것이다. 자신이 충분히 나아지고 있음을 느낄 수 있을 것이다.

03

나다운 프로젝트 시작하기

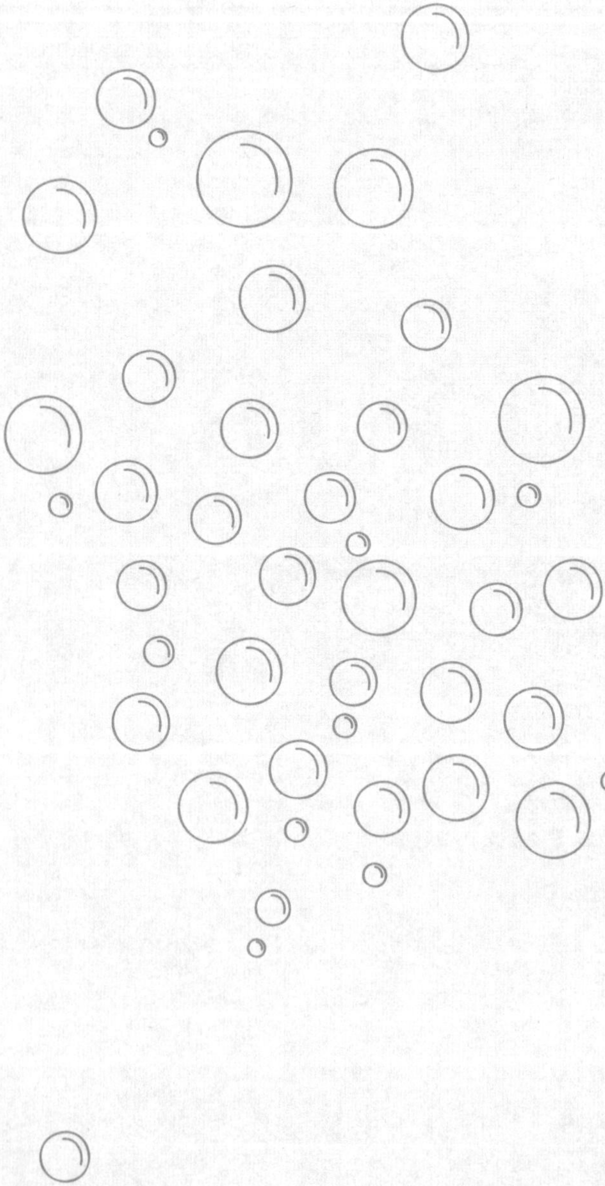

자기계발이란
그릇 키우기다

앞서 인생의 군더더기를 빼는 시도를 했다. 무엇을 지울 것인지 정하고, 과감하게 지웠다. 아직은 본격적으로 지우지 않았더라도 괜찮다. 그중 포기하기 어려운 부분은 그대로 둬도 된다. 중요한 것은 이제 비로소 더할 준비가 되었다는 점이다.

불필요한 부분을 과감하게 줄인 만큼 우리에겐 시간이 생겼다. 애써 만든 시간이다. 그러니 이제 그 시간을 나를 위해 투자해보자.

나를 위해 투자한다는 것은 무엇일까? 스스로를 성장시키기 위해 노력과 시간을 쏟는 일이다. 자기계발의 사전적 의미는 '잠재되어 있는 자신의 슬기나 재능, 사상 따위를 일깨워주는 것'이다. '개발'이라는 단어가 붙기도 하는데, 그러면 '기존의 기술이나 능력을 발전시키는 일'이 된다. 둘의 의미는 다를지라도 목적은 같다. '어제보다 나은 나'를 만드는 일이다.

오래전 자기계발에 관심이 많으냐는 질문을 처음 받았을 때, 나는 선뜻 답하지 못했다. 고개를 갸웃거리며 조그만 목소리로 "글쎄요" 하고 말했던 기억이 난다. 자기계발의 구체적인 뜻도 몰랐다. 30년 동안 자기계발을 한다고 생각해본 적도 없었고, 일부러 관심 가져본 적도 없었다. 단순히 공부를 말하는 거라면 10대 때 한 걸로 충분하다고 생각했다. 내 인생에 공부란 더이상 없으며, 이제는 삶의 경험만으로도 잘 살아지겠거니 했다. 자기계발서도 별로 도움 안 되는 책이라고 여겼다. 성공 스토리도 나와는 별개의 일이었다. '당신이니까 할 수 있는 거겠죠'라고 치부하고, 전혀 귀 기울이지 않았다. 지금 생각하면 내 안의 열등감과 질투심이 반응한 탓이었지 싶다. 그러면서도 여전히 나는 조금 더 잘 살고 싶었고 행복해지고 싶었다. 더 나은 나를 발견하고 싶었다.

'스스로 성장해보자.' 나는 삶을 바꿔보기로 결심했다. 무엇이 되었든 시도한 것을 후회하지 말자고 마음먹었다.

'스스로 성장해보자.'

나는 삶을 바꿔보기로 결심했다. 무엇이 되었든 시도한 것을 후회하지 말자고 마음먹었다.

자기계발은 취미가 아니다

나는 취미 부자였다. 소박한 해방감을 즐기는 데는 취미만 한 게 없었다. 하지만 문제는 금방 싫증을 낸다는 것이었다. 나는 유통기한 6개월짜리 취미가 참 많았다. 처음에 불이 붙으면 모든 열정을 쏟아붓지만 시간이 조금만 흘러도 차게 식었다. 오히려 다른 재미있는 건 없나 찾아보는 일에 더 시간을 쏟았고, 취미용품은 보관박스에 고이 모셔놓고 다시 꺼내지 않았다. 큰 불만은 없었다. 그 순간의 즐거움이 목적이니까.

자기계발은 취미와 비슷해 보일지 모르지만 다르다. 나는 자기계발과 취미를 구분한다. 왜 취미와 자기계발은 다를까? 목적이 다르기 때문이다. 취미의 목적은 지금의 순간을 즐기기 위함이다. 기분 좋은 일이지만 더 잘하고 몰두하고 싶다는 느낌은 들지 않는다면 취미다. 실력이 늘지 않아도 단지 그 시간에 내가 즐겁고 행복하면 된다. 나의 취미였던 일 중 하나는 그림일기다. 그 시간을 재미있게 보내기 위해 일상을 그렸다. 마치 아이처럼 순간을 즐기는 것만으로, 아무도 보지 않는 노트를 채우는 것만으로도 충분히 만족했다. 결과물에 연연하지 않았다. 더 잘 그리고 싶어 하지도 않았다.

반면 자기계발은 성장에 집중하는 일이다. 시간과 돈을 투자해 목표를 이룬다. 더 나은 방향을 추구한다. 이 과정에 즐거움이 존재하지만 취미와 같은 종류는 아니다. 힘이 들 때도 포기하지 않고 결과를 만든다. 감정을 이기는 '목적'이 있다. 싫증이 나더라도, 힘들어도 그만두지 않는다. 즐거움보다 더 큰 가치를 지니고 시작했기 때문이다.

그렇다고 자기계발이 즐겁지 않다는 것은 아니다. 나 자신이 만들어낸 즐거움이 있다. 남들에게는 사소하고 의미가 없는 일처럼 보일 수도 있다. 하지만 스스로 즐거움을 느낀다. 목표를 세우고, 행동을 한다. 그걸 매번 해낸다. 성취감이 쌓인다. 그 성취감이 즐거움으로 바뀐다. 그 성취감이 나에게 에너지를 불어넣고 다시 지속할 힘이 된다.

나는 매일 독서와 글쓰기를 빼먹지 않는다. 그러나 독서와 글쓰기를 취미라 느끼지 않는다. 물론 둘 다 정말 좋아하고 즐겁다고 느낀다. 내 삶이라고 말하고 싶을 정도다. 하지만 매일 그런 기분을 느끼는 것은 아니다. 책을 읽을 때 지루할 때도 있고, 그만두고 싶은 순간도 있다. 글쓰기는 더더욱 그렇다. 가끔 글을 쓰기 위해 머리를 쥐어짠다는 느낌이 든다. 글을 고쳐도 '형편없네' 하며 자괴감을 느끼기도 한다. 누군가 보여주기 전에는 겁도 난다. 그렇지만 나는 스스로 정해둔 페이지 수만큼 읽고, 정한 분량만큼 써내려간다. 둘 다 싫증난다고 내팽개치지 않는다. 독서와 글쓰기의 목적이 나의 성장이기 때문이다. 이 두 가지 일은 나를 갈고 닦기 위해서 하는 일이다. 나 자신을 더 배우도록, 더 겸손하도록 만든다. 내 내면을 더욱 큰 그릇으로 만들어준다. 더 나은 사람으로 만들어준다. 그렇다. 나는 자기계발을 하는 중이다.

나는 스스로 정해둔 페이지 수만큼 읽고, 정한 분량만큼 써내려간다. 둘 다 싫증난다고 내팽개치지 않는다.

취미가 아닌 것이 주는 즐거움

지금 나에겐 이런 몇 가지 즐거움이 있다. 예를 들어 매일 아침 침구 정리는 즐겁다. 자리에서 일어나 하얀 이불을 손으로 구김 없이 펴놓는다. 그러면 하루의 첫 과제를 잘 끝냈다는 기분이 든다. 책상에 앉아 열중해서 쓴 글의 발행 버튼을 누를 때도 그렇다. 클릭과 동시에 아침부터 해냈다는 기쁨이 톡톡 피어난다. 자기계발서에서 읽은 대로 자기 확언과 감사 일기를 쓴다. 그동안 몰랐던 나 자신을 알게 된다. 부정적인 마음의 크기가 쪼그라든다. 내 마음속 두려움도 신경 쓰지 않게 됐다. 할 수 있다는 마음을 먹자, 정말 할 수 있게 되었다.

부정적인 마음의 크기가 쪼그라든다. 내 마음속 두려움도 신경 쓰지 않게 됐다. 할 수 있다는 마음을 먹자, 정말 할 수 있게 되었다.

자기계발이란 내가 의미 있는 일을 하고 있으며, 이 일을 반복하는 것이 나에게 큰 성취감을 준다는 사실을 느끼는 일에 가깝다. 그러니 자기계발이라고 해서 거창한 일을 말하는 것이 아니다. 다만 취미와 자기계발을 구분하는 이유는 무엇을 더 우선해야 하는지 정해야 하기 때문이다. 취미생활을 당장 그만두라는 것도, 삶의 다른 즐거움을 아예 무시하라는 것도 아니다. 그러나 취미생활이 오래가지 못하고 나 자신이 새로운 즐거움을 찾아 이리저리 방황하는 하이에나처럼 느껴진다면, 다른 쪽을 채워보아야 한다.

자기계발은 단순히 외국어를 배우거나 새로운 지식을 늘리는 것에 국한되지 않는다. 자신의 내면을 키우는 것, 못 보던 것을 보게 되는 것이다. 그릇이 넓어지는 일이다.

자신의 성장을 느끼는 것은 인생의 큰 즐거움이다. 과거에는 하지 못했던 일에 도전하고 이뤄내는 경험을 쌓자. 배움을 추구하고 성장해보자.

일상을 다시 채우는 한 걸음

#8 취미 점검하기

✦ 현재 내가 취미라고 여기는 것, 순전히 즐거움만을 위해 하는 일이 무엇인지 생각해보세요.

✦ 앞에서 쓴 취미들의 지속 기간이 어느 정도인지, 지난 몇 달 동안 거기에 시간과 돈을 얼마나 들였는지 적어보세요.

✦ 자기계발의 정의에 부합할 만한, 즉 힘들어도 포기하지 않고 해나가면서 성취감을 느끼는 종류의 일을 현재 하고 있는지 생각해보세요. 떠오르는 것들을 적어보세요.

내가 진정으로
원하는 게
무엇일까?

"어느 쪽으로 가야 할지 가르쳐주실래요?"

앨리스가 물었다.

"그건 네가 어디를 가고 싶으냐에 따라 다르지."

고양이가 대답했다.

"어디든 상관없는데……"

앨리스가 말했다.

"그렇다면 어느 쪽으로 갈지도 중요하지 않겠네."

고양이가 말했다.

_ 루이스 캐럴, 《이상한 나라의 앨리스》 중

일상을 채울 때 가장 먼저 해야 하는 일은 나를 잘 아는 것이다. 우리가 MBTI에 열광하는 이유는 무엇일까? 나 자신이 궁금하기 때문이다. 나를 위해서는 어떻게 행동해야 좋을지 판단하고 싶기 때문이다. 내가 무엇을 하고 싶은지 알아야 올바른 방향으로 시작할 수 있다. 사람마다 자신만의 성향과 기질이 있다. 잠깐 책읽기를 멈추고 종이와 펜을 꺼내 두 가지 질문에 대해 답해보자.

① 절대 실패하지 않을 거라면 '무엇'이 되고 싶은가?
② 되고 싶은 사람이 되려면 어떤 '동사'가 필요한가?

절대로
실패하지 않는 일

이 질문을 통해 우리 각자는 '하고 싶었음에도 어쩔 수 없이 하지 못했던 일'을 파악할 수 있다. 내 경우는 작가였다. 이 질문에 답을 하면서 마음이 벅차올랐다. 내가 용기 내어 작가가 되겠노라고 가족에게 말했을 때, 내 동생은 이렇게 말했다.

"맞아. 언니는 예전부터 글쓰기를 좋아했잖아."

나 자신이 예전부터 글쓰기를 좋아했다는 사실이 생경하

게 느껴졌다. 작가가 되겠다고 다짐했을 때 새롭게 찾은 소명처럼 느꼈지만 나는 분명 글쓰기를 좋아하는 아이였다. 어쩌면 글쓰기를 정식으로 배우지 않았으니 작가는 될 수 없다고 무의식적으로 벽을 만든 것인지도 모른다.

원하는 꿈이 무언가에 가로막혀 있는 느낌이 들고 어떻게 해야 할지 모를 때 마음이 접히기 마련이다. 하지만 다시 어느 순간이 되면 불쑥 튀어오른다. 어쩌면 꾹꾹 누르고 튀어오르는 과정을 살면서 계속 반복할 수도 있다.

전공을 다시 한번 정한다면 어떤 걸 고를까? 마음이 이끄는 것이 가장 하고 싶은 일이다. 특히 어린 시절에 좋아했던 것들은 이미 내재된 것이다. 어렸을 때는 대부분 꿈이 있었을 것이다. 하지만 시간이 지나면서 꿈은 흐릿해진다. 흘러가는 대로 흘러간다. 원래부터 꿈이 없었다는 듯이 산다. 어른이 되어도 꿈을 말하면, 세상 사는 법을 잘 모른다고들 한다. 꿈은 특별한 사람만이 성취할 수 있는 것이고 자신과는 상관없다고 생각한다. 하지만 그런 성취나 직업만이 꿈인 것은 아니다.

작가가 되겠다고 정하자 비로소 깨달은 게 하나 있다. 작가가 되려면 '글쓰기'라는 동사가 일상에 더해져야 한다는 것이다. 작가가 되고 싶다면, 글을 써야 한다. 화가가 되려면 그림

> 작가가 되고 싶다면, 글을 써야 한다. 화가가 되려면 그림을 그려야 한다. 글을 쓴다는 동사 없이는 결코 작가가 될 수 없다.

을 그려야 한다. 글을 쓴다는 동사 없이는 결코 작가가 될 수 없다. 당연한 사실이었지만, 나는 그것을 뒤늦게야 깨달았다.

나는 매일 글을 쓴다. 글을 쓰는 것이 나의 소명처럼 느껴진다. 글을 쓸 수 있는 시간이 줄어든다는 게 아까울 지경이다. 나는 더 많은 글을 쓰면서 성장하고 싶다. 글을 쓸 때 가장 큰 행복감을 느낀다. 삶이 더욱 가치 있어진다.

새롭고 놀라운 경험을 해야만 행복을 찾을 수 있는 게 아니다. '무엇이 되고 싶은가?'를 찾는 것부터 시작해보자. 내가 어떤 것을 좋아했는지, 무엇에 몰두한 적이 있는지부터 꺼내어 알아보자. 내 안에서 찾아야만 진짜 빛나는 보석을 발견할 수 있다. 아직도 나는 나를 잘 모르겠고, 더 많은 경험을 해봐야 할 것 같은가? 이미 우리는 충분한 세월을 보냈다. 사소한 경험이라고 치부했던, 나만 모르는 보석이 안에 숨겨져 있을 수 있다.

✦ 절대로 실패하지 않을 거라면 '무엇'이 되고 싶은가요?

✦ 되고 싶은 사람이 되려면 어떤 '동사'가 필요할까요?

일상 리스트를 써보자

나의 일상을 채우는 일과를 적어보자. 일주일의 일과를 떠올리고, 내가 하고 있는 일을 '동사'로 적어보자. 머릿속에서 떠오르는 항목을 쭉 적는다. 누군가에게 보여주는 게 아니니 솔직하게 써보자. 그리고 마지막에 '절대 실패하지 않을 일을 위한 동사'를 추가해놓자. 그리고 종이를 다시 한번 보자.

참고로 내 하루 일과를 우선순위에 따라 정리하면 다음과 같다.

글쓰기

회사 업무하기

친구 만나기

가족과 시간 보내기

블로그에 글쓰기

달리기하기

스트레칭 하기

독서하기

식사하기

샤워하기

커피 마시기

TV 보기

잠자기

적어놓은 일들 중 지금 내가 가장 많은 시간을 쓰는 일은 무엇인가? 그리고 중요한 일은 무엇인가? 이 동사들 중 내가 많은 시간을 보낼수록, 더 우선순위가 높을수록 나의 정체성이 드러난다. 과거에 나는 회사 업무에 가장 많은 시간을 썼다. 내 명함이 나를 나타내는 것이라고 여겼다. 생계를 위한 일이기도 했지만 다른 일을 할 여력이 없다 느꼈다. 그러나 다른 동사를 추가하고 시간이 지나자, 회사 업무는 예전보다 훨씬 영향력이 줄어들었다. 그때 알게 되었다. 내가 어떤 동사를 더하고 우선순위를 어떻게 정하느냐에 따라 내 정체성을 스스로 정할 수 있다는 것을.

적어둔 리스트 옆에 빈 공간이 있는가? 그렇다면 우선순위에 따라 다시 써보자. 아무리 밸런스 있게 살고 싶다 하더라도 처음부터 그러기는 어렵다. 먼저 집중하는 법부터 배워야 한다. 가장 높은 가치에 초점을 맞춰보자. 우선순위를 세우고 몰두하는 것이 더 행복할 수 있는 방법이다.

우선순위에 정답은 없다. 개인적인 가치의 차등만 있을 뿐이다. 그렇다고 모두 중요하다고는 여기지 말자. 자신만의 우선순위가 없다면 주변에서 우선순위를 정하려 들 것이다. 어느 것이든 상관 없다고 생각한다면, 내 인생은 아무 상관없이 흘러갈 것이다. 그게 괜찮다면 그렇게 살아도 무방하다. 그것 또한 선택이다.

자신만의 우선순위가 없다면 주변에서 우선순위를 정하려 들 것이다. 어느 것이든 상관 없다고 생각한다면, 내 인생은 아무 상관없이 흘러갈 것이다.

최대 세 가지 동사를 정하고 집중하기. 이것이 앞으로 알려줄 프로젝트의 시작점이다. 그 동사에 동그라미를 쳐보자. 그리고 일단 다른 동사들은 어떻게 영향력을 줄일지 궁리해보자. 여전히 다른 동사도 잘하고 싶다고? 모든 것을 완벽하게 할 수는 없다. 한두 개를 제대로 하는 것조차 벅찰지도 모른다. 다 잘하려고 애쓰지 말자. 완벽주의자가 될 필요는 없다. 초점을 명확히 하자. 매달릴 가치가 있는 일을 찾자. 포기할 것은 포기하고 위임해야 하는 것은 위임하자. 위임이란 인생에 불필요한 것을 버리는 것이다. 롭 무어의《레버리지》에 따르면 레버리지는 살아 있음을 느끼게 해주지 못하는 것을 아웃소싱하는 기술이다. 지속적인 변화를 만들기 위해 당신의 가치를 우선하고 그 외의 모든 것을 줄이거나 제거하자.

우선순위는 다른 사람이 정하는 것이 아니다. 자신이 무엇을 하면 행복할지 아는 사람은 나 자신밖에 없다.

그러니 멀리서 찾지 말고, 내 안에서 찾아야 한다. 나도 한때는 무엇이 중요한지 밖에서 이리저리 돌아다니며 알아내려고 애썼지만, 결국은 나의 일상과 일에 존재한다는 것을 깨달았다. '행복'이 사람의 궁극적인 목적이라면, 그리 먼 곳까지 나를 데려갈 필요는 없다. 진짜 행복은 자신의 우선순위에 충실하게 사는 것이다.

일상을 다시 채우는 한 걸음

#10 우선순위 정하기

✦ 내 일주일 일과를 떠올리며, 내가 하는 일들을 '동사'로 나열해보세요.

✦ 위에서 쓴 동사들 가운데 내가 가장 시간을 많이 쏟는 것 세 가지만 골라보세요.

✦ 이제 앞으로 하고 싶은 것을 추가하여, 내 일상을 이루는 동사들을 우선순위에 맞게 재배열해보세요.

자신만의 프로젝트를 시작하자

우선순위 동사를 정했다면, 이제부터 시작이다. 동사를 지속할 수 있는 자신만의 프로젝트를 만들어보자. 프로젝트란 목표를 향해 의식적인 행동 절차를 만들고 지속하는 활동이다. 자신이 변화하기 위해 해야 할 과제를 정하고 그 목표·기간·과정 등을 설정해 수행해보는 것이다. 아무리 많은 타인들의 경험을 보고 들을 수 있다 해도 자기에게 꼭 맞는 방법을 찾으려면 직접 해보는 수밖에 없다. 그 어떤 책과 교육도 자신에게 100퍼센트 맞는 답을 줄 순 없다. 스스로 대입하고 검증해보는 과정이 필요하다. 프로젝트는 이런 과정을 도와주는 도구가 된다.

내 안의 동사를 꾸준히 지속할 수 있도록 여러 방법을 시도해보았지만, 개인 프로젝트만큼 효과적인 것은 찾지 못했다. 개인 프로젝트라고 하니 생소하게 느낄지도 모르지만 사실 누구나 인생의 큰 프로젝트 몇 개를 마무리 해본 경험이 있을 것이다. 학생 때는 대학이라는 큰 프로젝트를 위해 몇 년 동안 공부했고, 취업 준비를 위해 자격증을 취득하고 이력서를 썼을 것이다. 인적성 공부와 면접 스터디까지 했을 것이다. 다만 이런 과제들의 특징은 스스로 정한 것이라기보다는 사회의 규칙처럼 목표나 기간 등이 어느 정도 주어졌다는 것이다. 그런 과정을 통과해 사회에 나오면 개인을 위한 프로젝트는 없다. 그러니 이제는 그것을 온전히 나 스스로 만들어야 한다.

일상을 채우기 위해 활용할 프로젝트는 두 가지로 나눌 수 있다.

① 결과 중심 프로젝트

하나의 명확한 목표가 있고, 프로젝트를 끝내면 구체적인 성과가 있는 경우다. 프로젝트라는 용어를 쓰는 경우 대부분은 이런 의미일 것이다. 나는 결과 중심 프로젝트를 1년에 한두 번씩 계획한다. 마감까지 정해진 분량의 원고를 써내야 할 때,

내가 원하는 날짜에 바디프로필을 찍어야 할 때, 언제까지 일정 금액을 모으기로 할 때 등 목표가 아주 뚜렷하게 잡혀 있을 때다. 이 경우 단기간에 집중하는 게 가장 중요하다. 다만 의도적으로 목표에 도달하기 위해 계속 동일한 일을 반복해야 하니 덜 중요한 일들을 미뤄둘 필요가 있다. 결과 중심 프로젝트는 일정을 지키고 목표를 달성하는 데 초점을 둔다.

목표가 달성되면 프로젝트는 끝난다. 더이상의 활동은 없다. 달성한 뒤의 결과와 성취감을 위한 1회성 프로젝트이다.

② 과정 중심 프로젝트

과정 중심 프로젝트는 목표 자체보다는 과정이 중요한 경우다. 나는 이런 프로젝트를 더 선호한다. 프로젝트를 진행해나갈수록 작은 성공을 느낄 수 있으며, 더 나아가 이를 좋은 습관으로 자리 잡도록 만들 수 있다. 이 경우에는 성과를 달성했느냐 아니냐가 결코 중요하지 않다. '포기했느냐, 아니냐'가 더 중요하다. 또한 설정해둔 기간을 완주하고 난 뒤, 자신이 어떻게 행동했는지 바꿀 건 없는지 스스로 피드백하는 것이 더 중요하다. 이는 습관 형성이라는 관점으로 볼 때 훌륭한 시작 단계이며, 꾸준히 지속하는 힘을 얻는 토대가 된다.

하루의 목표량을 크게 설정하지 않고, 딱 오늘 할 일을 '한 입씩 먹듯' 해나간다. 과정 중심으로 프로젝트를 만들면 어떤 큰 목표라도 작게 만들 수 있다. 멈추지 않는 데 신경을 쓰므로 목표는 설정하되 집착하지 않는다. 양적인 목표를 얼마나 빠르게 달성하느냐보다 포기하지 않고 끝까지 결승선에 도착하느냐가 더 중요하다.

이 두 가지 형태의 프로젝트를 잘 활용하면 충분히 효과를 볼 수 있다. 나 역시 두 가지 프로젝트를 구분하여 실행한다. 두 가지 모두 익숙해지면 여러 목적으로 활용할 수 있고, 스스로 더 효과적인 방법으로 개량할 수 있다. 내가 어떻게 하면 잘할 수 있는지, 더 높은 성과를 내는 방법을 스스로 찾아갈 수 있는 것이다.

나만의 프로젝트 만들기

처음 프로젝트를 시작한다면 과정 중심 프로젝트를 추천한다. 그리고 익숙해지고 프로젝트를 잘 설계할 수 있게 되면,

목표 중심 프로젝트도 해보자.

이제 직접 자신만의 프로젝트를 만들어볼 차례다. 목표를 직접 설정하고 세부 내용을 구성해보자. 참여자는 나 혼자다. 그러니 규칙도, 강도도 내 마음대로 정할 수 있다.

내가 인생의 허무함을 극복하고 성장할 수 있었던 중심에는 독서 프로젝트가 있었다. '읽기'라는 동사를 우선순위로 정했고, 다독을 목표로 첫 프로젝트를 만들었다. 내가 읽기라는 동사에 집중한 이유는 단순하다. 책을 통해 지금보다 더 나은 답을 찾을 수 있으리라 생각해서다. 유용한 책들을 최대한 많이 읽어 삶을 바꿔보자고 다짐했다.

'독서 나이 프로젝트'라고 이름을 짓고 '딱 지금 나이만큼의 책을 읽자'고 다짐했다. 그리고 그게 만약 성공한다면 나이에 한 살 더한 권수만큼 늘리자고 정했다. 이후의 행동은 간단했다. 읽을 책을 정하고, 완독했을 때 책 이름을 써 넣었다. 마음에 드는 책은 블로그에 리뷰를 적었다. 그렇게 첫 프로젝트는 석 달 만에 끝났다.

나는 '독서 나이 프로젝트'를 통해서 3년 동안 약 500권을 읽을 수 있었다. 양질의 지식을 흡수하며 나에게 도움이 되는 것을 적용해보았다. 좋은 습관은 따라해보고, 시간을 관리하는 방법을 배웠다. 긍정적인 생각이 주는 힘을 믿게 되었으며, 배운 것들을 내 생각과 연결하여 글로 쓰기 시작했다.

또한 책을 읽고 블로그에 그 과정을 기록하면서 스스로 프로젝트의 위력을 느꼈다. 처음 프로젝트를 마치고 얻은 성취감이 아직도 기억난다. '내가 이렇게도 책을 읽을 수 있구나.' 마치 전혀 다른 내가 된 것 같았다.

처음 프로젝트를 마치고 얻은 성취감이 아직도 기억난다. '내가 이렇게도 책을 읽을 수 있구나.' 마치 전혀 다른 내가 된 것 같았다.

무엇보다 중요한 건 내가 만든 독서 프로젝트를 그만두지 않았다는 것이다! 여전히 지금도 이 프로젝트를 이어가고 있다. 내 삶을 성장시키기 위한 일임을 피부에 닿을 정도로 느꼈고, 그게 나에게 딱 맞는 방식이었음을 깨달았기 때문이다.

독서 나이 프로젝트를 끝내고, 나는 자신감이 생겼다. 그래서 다른 프로젝트도 만들어보았다. 새벽 기상, 블로그 1일 1포스팅, 원하는 목표를 100일 동안 100번 쓰기, 한 달에 50킬로미터 달리기, 바디프로필 찍기 등등 삶이 프로젝트로 구성되기 시작했다. 내가 만든 프로젝트는 나를 더 즐거운 곳으로 이끌어줬다. 더 나를 믿도록 도와줬다. 하나의 프로젝트가 성공하면 다음 프로젝트를 실행하고 싶어졌다. 횟수를 반복할수록 자존감도 높아졌다. 다음 역시 잘될 거라고 생각했다. '하루 한 장 독서 프로젝트' '하루 한 줄 글쓰기 프로젝트'를 열어 100일 동안 사람들과 함께 읽고 쓰기도 했다. 중간에 이벤트도 만들어 서로의 성장을 응원했다. 프로젝트를 만들고 시도한 것만으로도 나는 전혀 다른 삶을 살게 된 것 같았다.

해보지 않아서 모를 뿐
할 수 있는 것은 많다

시도해볼 수 있는 프로젝트는 생각보다 많다. 아직 해보지 않아서 몰랐을 뿐이다. 나는 서른이 넘도록 내가 글을 쓸 수 있는 사람이라는 걸, 읽을 수 있는 사람이라는 걸 몰랐다. 글쓰기를 소명처럼 여기게 될 줄도 몰랐다. 그뿐만이 아니다. 내가 누군가의 앞에서 강연을 할 수 있으리라고 꿈에도 생각지 못했다. 내 글이 누군가에게 큰 도움이 될지도 몰랐고, 글로 돈을 벌 수 있다고 상상하지도 못했다. 무엇보다, 내가 더 성장할 수 있겠다는 가능성을 믿을 수 있을지 몰랐다.

자신이 나아지고 있다는 느낌은 인생에서 가장 큰 기쁨 중 하나가 아닌가. 나는 스스로 기쁨을 누리기 위해 하루를 산다. 그래서 오늘 하루에 최선을 다하고, 내일을 기다린다. 조금 더 괜찮은 하루를. 목적 없이 표류하고 있다는 느낌이 비집고 들어올 틈이 없다. 나는 집중하고, 행동한다. 내가 한 일을 지켰는지, 그러지 않았는지만 생각한다. 여기에는 변명이 통하지 않는다. 내가 나를 속일 수는 없으니까. 잘 안 되었을 때의 고통이 허무함보다 낫다. 허무함 끝에서는 아무것도 생겨나지 않는다. 자기 무능감만 되풀이될 뿐이다.

아무것도 시작하지 않는 사람에게는 불가능밖에 보이지 않는다. 하지만 시작을 해보면 할 수 있는 것들이 눈에 보이기 시작한다. 할 수 있는 일은 아직 다 펼쳐지지 않았다. 당신이 어떤 나이이든 그건 똑같을 것이다. 시작 포인트에 섰다고 상상해보자. 나는 어떤 프로젝트를 할 수 있을까?

나는 1년에 한 번씩은 새로운 프로젝트를 만든다. 올해는 소설 쓰는 일을 시작했다. 갑자기 머릿속 한 구석에서 '소설을 써야겠다'는 생각이 솟았고, 목표를 세웠다. 글쓰기의 역량을 키우고 싶고, 미지의 분야를 배운다는 사실 자체도 흥분되었다. 단편소설 쓰기 프로젝트를 시작하고 반년이 지난 지금 나는 작년의 나와 확연히 달라져 있다. 글을 보는 관점도, 세상을 보는 관점도 한층 성장했음을 느낀다. 소설을 읽는 것과 쓰는 일에는 어마어마한 간극이 있다는 것도 깨달았다. 그동안 7편이 넘는 습작을 시도했고, 나의 글은 더 성장하고 있다. 쓰는 나 역시 성장하고 있다.

나의 경우에는 글쓰기지만, 사람마다 원하는 '동사'는 다를 것이다. 세상에는 이러한 깨달음을 얻게 해주는 일들이 무궁무진하리라 믿는다. 자신에게 꼭 맞는 것들을 골라, 프로젝트로 만들어보자. 나에게 어울리는 것으로, 나다운 것으로. 방법은 곧 설명할 것이다. 그 일을 할 때 편하다고 느끼면 나에게 맞는 일이다.

시작하지 않아도 된다. 모든 것은 자신의 선택이다. 하지만 일생에 한 번 해볼 마음이 든다면, 지금 하자. 나중에 한다고 해서 더 나아지진 않는다. 오히려 시간만 흘러갈 뿐이다.

자신에게 꼭 맞는
것들을 골라,
프로젝트로 만들어보자.
나에게 어울리는
것으로, 나다운 것으로.
그 일을 할 때 편하다고
느끼면 나에게 맞는
일이다.

04

일상을 바꾸는 100일 프로젝트

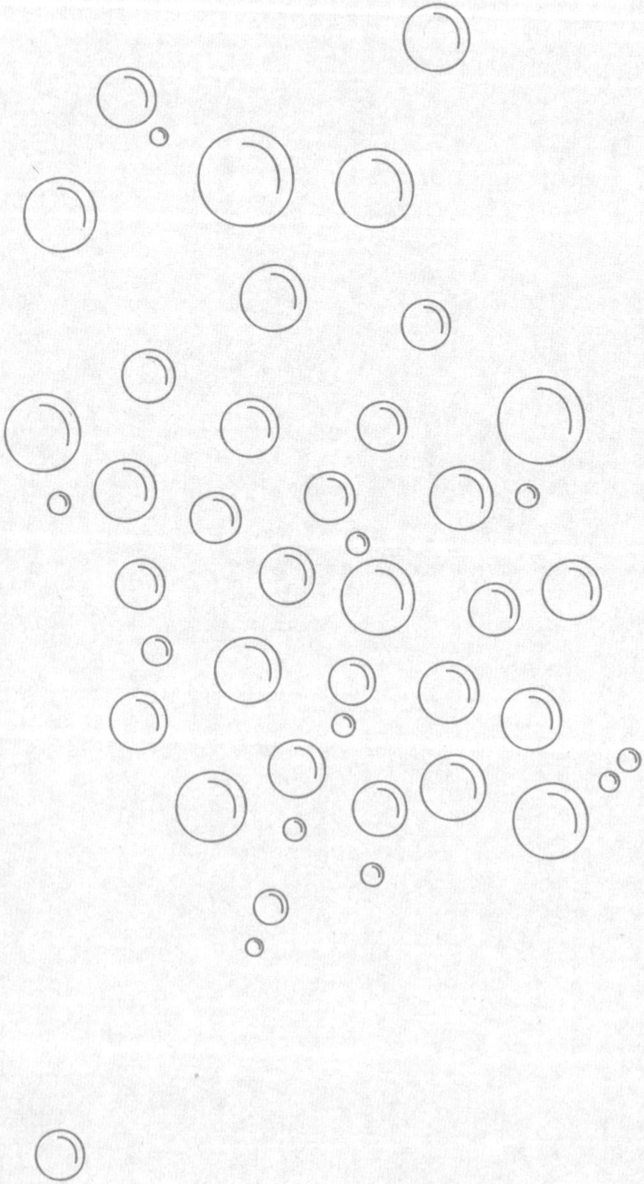

프로젝트를 100일로 시작해야 하는 이유

이제부터 100일짜리 프로젝트를 만들어보자. 100일이면 3개월이고 계절이 바뀌는 긴 기간이다. 처음부터 100일씩이나 무언가를 한다는 게 부담스럽고 덜컥 겁이 날 수도 있지만, 그래도 100일을 추천하는 이유가 있다. 100일 동안 하지 못할 일을 평생 할 수 있을까? 길다면 긴 시간이나, 점진적인 변화를 위해서는 충분한 양의 반복이 필요하다. 여기에 중요한 포인트가 있다. 바로 목표를 작게 설정하는 것.

삶의 목표는 크되, 프로젝트의 덩치는 작아야 한다. 우리는 새로 무언가를 시도해보고 싶은 마음이 들 때 욕심을 낸다. 지금 시작하면 뭐든 할 수 있을 것 같고, 단기간에 계획을 이루면 '짠!' 하고 새롭게 바뀌어 있을 것 같다. 하지만 성장은 그런 식으로 일어나지 않는다. 점진적으로 자신조차 눈치 채지 못하는 사이에 일어난다. 하루 일상에 스며들 과제는 작아야 한다.

나는 프로젝트를 일상의 '작은 성공'을 채우기 위해서 한다. 흔히 성공이란 남들보다 더 우위에 설 정도로 뛰어난 성취를 이루는 것이라고 생각하곤 한다. 그러나 그것만이 성공이라고 여기면 남들과 비교하느라 자신감을 잃기 쉽다. 정작 자신이 지금까지 해낸 일보다 실패한 일만 눈에 들어온다.

아주 작은 변화라는 목표에 초점을 맞추면 작지만 내가 나아졌다는 사실에 집중할 수 있다. 목표가 작기 때문에 실패할 확률도 거의 없다! 그렇기 때문에 유지해나가기 쉽다. 매일 작은 성취감에 집중하면 어떻게 될까? '나는 나와의 약속을 잘 지켰어' '이런 일도 할 수 있다' 하는 마음이 솟구친다. 자신에게 신뢰감이 쌓인다. 이런 반복적인 성취를 통해 나 자신을 믿고 존중하게 된다. 즉 자

아주 작은 변화라는 목표에 초점을 맞추면 작지만 내가 나아졌다는 사실에 집중할 수 있다. 목표가 작기 때문에 실패할 확률도 거의 없다!

존감이 높아지며 남보다 나 자신의 목소리에 귀 기울이게 된다. 내 일에 대해 믿음을 가지고 행동한다. 믿기 때문에 더 나아질 수 있다는 확신을 얻는다. 시련을 겪더라도 다시 일어날 수 있는, 회복탄력성 높은 사람이 된다. 이런 사람에게는 기회가 찾아오고, 그 기회를 잡을 수 있다. 그렇기 때문에 더 큰 성과를 낼 수 있다.

나는 일이 잘 안 풀리고 기분이 나쁠 때 내가 오늘 하루 작은 성공을 해냈는지를 점검한다. 그런 작은 성공을 찾아내며 앞으로 나아갈 힘을 얻는다. 나는 작은 성공이 주는 선순환이 삶을 계속 성장시킨다고 믿는다.

작게 시작하기

100일 프로젝트를 시작하는 방법은 이렇다. 우선 원하는 목표를 구체적으로 적어본다. 처음에는 프로젝트를 달성하는 기쁨이 더 중요하다. 그러니 힘이 들지 않을 정도로 작게, 구체적으로 정한다. 예를 들면 '100일 동안 매일 물 500밀리리터 마시기' '100일 동안 매일 아침 침대 정리하기' '일어나자마자 1분 동안 스트레칭 하기' 등이다. 과제에 대한 결과를

OX 또는 숫자로 기록할 수 있어야 한다. 그리고 프로젝트에 이름을 붙여보자. 마치 어렸을 때 만든 게임 이름처럼 자유롭게 짓자. 무엇이든 상관없다. 내가 시도한 프로젝트는 다음과 같다.

✧ 1일 1블로그 포스팅

✧ 100일 100번 목표 쓰기

✧ 하루 한 줄 글쓰기

✧ 하루 한 페이지, 독서 인증

✧ 독서 나이 프로젝트

✧ 미라클 모닝 프로젝트

✧ 모닝 페이지 프로젝트

프로젝트들을 시도하는 목적은 '완벽하게' 성공하는 게 아니라 내가 원하는 방향을 찾는 것이다. 시작점에서 끝까지 완주하는 것이 목적이라고 할 수 있다. 실제로 하다 보면 목표 달성으로 인한 성취감도 있지만 과정 자체로 인해 느끼는 것이 더 많다.

내 모습이 180도 변해야만 변화가 아니다. 단 1퍼센트만 바뀌어도 변화다. 작게 시작하면 꾸준히 할 수 있다. 처음에는 작은 성취를 맛봐야 한다. 그러니 변화를 원대하게 생각하지 말자. 대신 마음먹자. 나 자신만의 프로젝트를 세우겠다고. 지금의 일상이 어딘가 만족스럽지 않다면 프로젝트를 만들 명분은 충분하다.

100일 프로젝트는 단기 달리기가 아니다

다시 한번 강조한다. 100일 프로젝트라고 하니 거창하고 어깨에 힘을 잔뜩 주고 시작해야 할 것 같다고 느낀다면 오해를 풀기 바란다. (집요하다 싶을 정도로 반복하는 말이지만 어쩔 수 없다. 이 부분이 가장 중요하다.) 프로젝트는 단숨에 해치우고 높은 결실을 맺는 것이 아니다. 오히려 '고작 이걸로 될까?' 싶을 정도로 가벼워도 괜찮다. 처음부터 단기간에 빠르게 무언가를 얻고 싶어 무리한다면 분명 20일이 지나기 전에 그만둘 것이다. 프로젝트는 내 인생의 행동 실험과 같은 것이다. 마치 신제품이 나오기 전에 거치는 테스트처럼.

우리의 습관을 바꾸기 위한 실험이라고 생각해보자. 나는 습관이야말로 진정한 성장의 요소라고 여긴다. 내가 가진 습관이 나를 구성한 일면이고, 더 강력하고 좋은 습관을 가진 사람이야말로 더 성장할 수 있다고 느낀다. 이 습관을 들이기 위해 초반 100일을 투자하는 것이다.

목표에 집중하면 할수록 필요한 것을 자연스럽게 발견할 수 있다. 선택적 집중, 끌어당김의 법칙, 동시성 등 뭐라고 부르든 그 이름들은 중요하지 않다.

프로젝트를 꾸준히 하면 느끼는 게 또 있다. 집중이 주는 강력함이다. 잠시 읽던 책을 놔두고, 주변을 살펴보자. 그리고 눈에 들어오는 빨간색 물건을 찾아보자. 전에 인식하지 않았던 물건들이 빨간색이었다는 사실을 인식할 수 있을 것이다. 이렇듯 우리에게는 우리 기준에서 선별된 정보만 보인다. 즉 집중하고 있는 것 외에는 잘 보이지 않는다.

목표에 집중하면 할수록 필요한 것을 자연스럽게 발견할 수 있다. 선택적 집중, 끌어당김의 법칙, 동시성 등 뭐라고 부르든 그 이름들은 중요하지 않다. 집중을 하면 내가 좋은 기회를 만날 가능성이 높아진다는 것만으로도 충분하다. 수많은 자기계발서에서 한 가지 목표를 계속 선명하게 떠올리라고 강조하는 것도 그래서다.

프로젝트를 정하는 단계에서 두 가지만 주의해보자.

① 하고 싶은 프로젝트가 많아서 고민이 되더라도 동시에 하지 말기

많은 일을 벌이지 말자. 이것도 하고 싶고, 저것도 해보고 싶은 마음이 들 수도 있다. 하지만 하나를 정성스럽게, 우직하게 하자. 간단한 일을 하나만 해도 괜찮을까 불안한 마음이 들 수도 있다. 하지만 한 가지 프로젝트가 성과를 보일 때 다른 일을 시작해도 결코 늦지 않다. 시작한 단계라면 조급함이 가장 큰 적이고, 마지막은 나태함이 가장 큰 적이다.

② 믿지 않는 일을 시작하지 않기

"해봤자 안 될 거야"라는 생각을 가지고 프로젝트를 계획하지 말자. 처음부터 불가능한 모습을 상상하는데, 어떻게 성공을 하겠는가? 달성하리라 믿지 않고 시작하는 것은 시간낭비다.

100일이 끝났을 때의 모습을 상상해보자. 달성 후 웃고 있는 내 모습이 상상이 되는가. 된다면 당신은 그 일을 해도 좋다. 분명 당신이 좋아할 일이며 마음속에서 성공을 바라는 일이다. 좋아하는 일은 남이 시키지 않아도 계속하게 된다. 그리고 그 일이 잘되고 있다고 느낀다면 계속하게 된다. 누가 뭐라 하지 않더라도 말이다.

✦ 해보고 싶은 프로젝트들을 잔뜩 적어보세요. 되도록 자유롭게, 생각나는 대로 적으세요.

✦ 그중에서 당장 해보고 싶은 것 딱 한 가지만 골라보세요. 왜 하고 싶은지 이유도 적어보세요.

100일 프로젝트를 진행하고 알게 된 것

나는 프로젝트를 시작하고 다른 사람들에게도 효과가 있는지 궁금했다. 그래서 온라인으로 100일 프로젝트를 운영해보았다. 100일 동안 함께 같은 프로젝트를 진행하며 매일 인증을 하는 온라인 모임이었다. 나는 독서와 글쓰기 모임을 각각 만들었고 100일 동안 회원들과 같이 책을 읽고 글을 썼다. 내가 가진 노하우를 주마다 공지사항으로 올려서 사람들에게도 효과가 있는지 확인해보았다.

① 하루 한 페이지 독서 라이프

200명 정도 모집했던 독서 인증 모임이다. 하루에 한 페이지씩 책을 읽는 것이 목표였다. 휴대폰으로 책의 읽은 페이지를 찍었다. 첫 시작일에는 170명이 인증했고 마지막 날에는 60명이었다. 약 33퍼센트가 마지막 100일까지 인증을 이어갔다. 또한 100일간의 누계를 집계해보니 80일 이상은 45명, 100일 모두 인증한 사람은 13명이었다. 하루를 안타깝게 놓친 사람도 20명이 넘었다. 흥미롭게도 초기 20일차에 96명이 그만두었다. 도전한 인원의 반은 20일을 이어가지 못했지만, 그 이후에는 그만두는 비율이 현저히 줄어들었다. 100일을 달성하고 작은 이벤트를 열어 사람들에게 소감을 물어봤다.

"아무리 바빠도 책을 한 장이라도 읽게 되었다."

"인증을 하니 책 내용에 더욱 집중할 수 있었다."

"무엇보다 책 읽는 습관이 생긴 게 가장 큰 변화다."

"하루 이틀 인증하지 못해도 꾸준히 하는 게 중요하다는 걸 알게 되었다."

긍정적인 반응과 이후에도 꾸준히 책을 읽어가겠다는 사람들의 이야기에 마음이 벅찼던 기억이 난다.

② 하루 한 줄 글쓰기

글쓰기 프로젝트는 50명을 모집했다. 글쓰기는 남들의 글을 읽고 응원하자는 목적 하나를 더 추가했기 때문에, 적은 인원이 더 유리할 것이라는 판단이었다. 정원 50명을 꽉 채웠지만 첫날 글을 쓰기 시작한 건 46명이었다. 그리고 20일이 지날 때는 35명, 마지막 100일에는 22명이 글을 썼다. 중간에 소재가 떠오르지 않아 힘들어하는 멤버들도 있어, 함께 쓰는 주제를 몇 개 정하기도 했다.

최종적으로 100일 모두 글을 쓴 사람은 11명, 90일 이상 쓴 사람까지 포함하면 20명이었다. 결과적으로 44퍼센트가 100일 동안 포기하지 않고 이어나갔다.

매일 글을 쓰는 것이 목적이었지만, 글쓰기 모임에는 다른 사람의 글을 읽고 댓글을 달아주는 분도 많았다. 서로가 서로의 프로젝트를 응원한다는 게 힘이 되는 것 같았다. 글쓰기 역시 프로젝트가 끝나고 온라인 모임을 한 번 가졌는데, 모든 사람의 글을 기억해서 소감을 적어준 분도 있었다.

두 개의 프로젝트를 실제로 운영하고 난 뒤, 나는 100일 프로젝트의 힘을 더 믿게 되었다. 특히 40일 정도 지나고 나니 이후에는 더이상 그만두는 사람 없이 그대로 유지되는 점이 인상적이었다. 습관 관련 서적에서 말하는 습관의 정착 기간을 직접 알게 된 것이다.

이는 글쓰기든 독서 프로젝트든 마찬가지였다. 모임을 해보면 강제성이 생기고, 다른 사람이 함께 하게 되므로 더 긴장감을 가지게 된다. 그로 인해 프로젝트를 이어나가고 습관으로 이어지는 경우가 많았다.

40일 정도 지나고 나니 이후에는 더이상 그만두는 사람 없이 그대로 유지되는 점이 인상적이었다.

만약 프로젝트를 혼자 시작하기 어렵다면 함께 하는 것도 방법이다. 요즘에는 이런 프로젝트를 여럿이 수행할 수 있게 해주는 플랫폼이 꽤 많으니 활용해보는 것도 좋을 것이다.

100일 동안 얻을 수 있는 두 가지

100일 동안 프로젝트를 진행하면 두 가지를 얻을 수 있다. 100일 동안의 결과물과 그 이후의 방향성이다.

결과물은 마침내 얻는 성과이다. 이는 당연해 보인다. 하지만 방향성을 얻는다는 것은 무슨 말일까? 100일 프로젝트를 시도한 횟수가 늘어나면 각각의 프로젝트가 마치 이정표처럼 보인다. 중간중간 방향을 찍어주는 점처럼, 내가 나아갈 길이 어디인지 알려준다. 그러니 장기적인 시각으로 봤을 때 100일을 충실히 보내는 효과 이상의 것을 얻을 수 있다.

물론 프로젝트를 시작하기 전에는 남들이 하는 것을 따라 하는 것 아닌가 싶을 수도 있다. 내 경우 100일 100번 쓰기 프로젝트를 했을 때 그랬다. 목표만을 100일 동안 100번 쓰는 일이었는데, 처음에는 100번 쓰기의 효과는 확신했지만 내가 쓰는 목표 자체가 진짜 원하는 것이 맞는지 의심이 들었다. 시작 지점에서는 불분명했던 그것이 마침내 마지막에 와서는 맞다는 확신이 든다는 점이 흥미로웠다.

나중에 설명할 100번 쓰기 프로젝트는 일견 단순하고 의미 없어 보일 수 있다. 하지만 나는 그 일을 하면서 분명히 변해갔다. 그 시간은 단순히 글만 쓰는 시간이 아니다. 목표에 대해 생각하는 시간이다. 어떻게 나아갈지 방향을 세우고, 앞으로의 과정을 짚어보는 시간이다. 더 마음을 굳힐 수 있었다. 100번을 다 쓰고 나서는 '어쨌든 해냈으니까 앞으로 나아갈 수밖에 없다'는 생각도 들었다. 마치 스스로 퇴로를 막아 의지를 다진 것처럼. 지금까지 이 프로젝트를 두 번 했는데 앞으로도 계속 해볼 생각이다.

물론 100일만 성공한다고 끝이 아님을 인지하자. 운전대의 방향을 바꾸는 것이 프로젝트의 시작이라면, 한 방향으로 힘들이지 않고 나아가는 것이 습관이다. 프로젝트로 시작하되, 나를 계속 변화시키고 성장하기 위한 일임을 염두에 두자. 인생의 최종 목표는 중요하지만 먼 미래를 예측하기란 어렵다. 그러나 프로젝트는 즐겁고 예측할 수 있으며 즉각적인 변화를 일으킬 것이다. 습관으로 익숙해지는 시기는 저마다 다르다. 그리고 애써 습관으로 만들어놓아도 한 순간에 다시 원상태로 돌아오는 경우도 있을 것이다. 그러니 실험처럼, 놀이를 해보듯 시작해보기 바란다.

좋은 것은 습관으로 삼을 수 있고, 단기간에 그치는 건이더라도 추진력 있게 나아가보는 경험을 얻을 수 있다.

좋은 것은 습관으로 삼을 수 있고, 단기간에 그치는 건이더라도 추진력 있게 나아가보는 경험을 얻을 수 있다.

100일 프로젝트를 계획하기 전에 알아둘 것

프로젝트는 우리 몸에 새로운 시스템을 도입하는 것과 비슷하다. 시스템이란 어떤 목적을 위해 조직적·규칙적으로 작용하는 절차나 방법을 뜻한다. 쉽게 말하면 똑같은 동작을 규칙적으로 반복하는 것이다. 감정에 좌우되지 않을 정도로 말이다. 즉 우리는 어느 순간에든 정상적으로 작동할 수 있을 정도의 크기와 밀도로 프로젝트를 구성해야 한다. 거대한 프로젝트를 세우고 무조건 전력을 다해 뛰어들어서는 안 된다. 모든 것을 열정이나 의지에 맡기면 안 된다.

프로젝트를 시작하기 전 점검해야 할 기준

효과적인 나만의 프로젝트를 만들려면 어떻게 해야 할까? 프로젝트를 만들기 전에 꼭 알아야 할 기준이 있다. 다음의 다섯 가지 사항을 기준으로 삼아 점검해보자.

① 진심으로 하고 싶은 일인가?

프로젝트를 만들기 전에 나에게 진심으로 물어보자. 나는 그 일을 왜 하고 싶은 걸까? 혹시 남들의 시선 때문에, 남들도 그렇게 하니까 하는 게 아닐까? 다이어트를 시작하긴 했는데, 정말 마음속 깊은 곳에서 원하는 걸까? 아니면 남들도 하니까 해야 할 것 같아서 하는 걸까? 우리는 남들에게 많은 영향을 받고 산다. 내 인생의 중요도가 남의 의견에 흔들린 적이 한두 번이 아닐 것이다. 이 때문에 원하지 않던 일도 내 선택이라 믿었을 수도 있다. 반대로 원하던 일을 포기하기도 했을 것이다. 그러나 우리는 오로지 '나를 위한' 프로젝트를 만드는 중이다. 다른 사람의 의견은 소용없다. 눈을 감고 자신에게 한 번 더 물어보자. 나는 진정으로 그 일을 하고 싶은가?

자신에게 솔직하게 물어보고 답해보자. 만약 그렇지 않다는 기분이 조금이라도 든다면, 머뭇거림이 있다면 첫 단추부터 잘못 끼워질 가능성이 크다. 다른 것부터 찾아야 한다. 프로젝트는 가장 원하는 것을 해야 한다. 물론 내가 정말 원하는 게 무엇인지 찾는 일은 쉽지 않다. 운 좋게 쉽게 발견할 수도 있겠지만, 오랜 기간 못 찾을 수도 있다. 다만 먼저 찾으려는 노력 없이 '내가 가장 원하는 것'이 무엇인지 알 도리는 없다. 열심히 생각해보자!

② 충분히 작은 일인가?

예전에 치과 교정을 받은 적이 있었다. 다른 사람들로부터 교정을 하면 밥도 제대로 못 먹는다고 들었던 터라 꽤 걱정했다. 교정 경험이 있는 친구들은 각오해야 한다고 잔뜩 겁을 주었다. 하지만 교정을 시작하니 예상보다 아프지 않았다. 하루는 담당 선생님께 물었다.

"별로 아프지 않은데, 교정이 잘되고 있는 것 맞겠죠?"

그러자 선생님은 이렇게 말했다.

"무조건 치아를 꽉 조여야만 교정이 잘되는 게 아니에요. 아프지 않을 정도로 작게 조정해도 시간이 흐르면 치아는 옳은 길을 찾아갑니다."

우리의 프로젝트도 그렇다. 고통스러운 프로젝트가 좋은 것도 아니고 성공 가능성이 큰 것도 아니다. 나 자신을 바꾸려면 인내해야 하고 싫은 걸 해야 하는 것 아닐까 하며 미리 겁을 먹을 필요가 전혀 없다. 다른 사람이 보면 코웃음을 칠 보잘것없고 미미한 프로젝트여도 방향만 옳다면 시간이 효과를 증명해준다. 프로젝트는 오래 달리기와 같다. 오래 달리기에서 중요한 건 스피드가 아니다. 속도와 성과에 집착하면 유지할 수 없다. 가끔 숨이 막히면 천천히 걷는 속도로 나아가면 된다. 호흡이 돌아온 뒤 또 뛰면 된다.

다른 사람이 보면 코웃음을 칠 보잘것없고 미미한 프로젝트여도 방향만 옳다면 시간이 효과를 증명해준다.

프로젝트를 계획하는 것은 전혀 어렵지 않다. 몇 분만 종이에 볼펜을 끄적거리면 되는 일이다. 진짜 난관은 실천이다.

한계를 명확하게 긋는 것은 실천의 어려움을 덜어준다. 매일 할 수 있을 정도로 사소한 것들로 정하자. 나는 앞에서 말했듯 '매일 아침 레몬 물 한 잔 마시기' '아침에 일어나 침구 정리하기' 등의 작은 일도 프로젝트로 진행했다. 이는 어느 정도 시간이 지나면 습관으로 변했고, 아주 작은 것들은 기록하지 않아도 자연스럽게 일상에 스며들었다.

익숙해지면 프로젝트의 덩치를 조금 더 키울 수도 있다. 중요한 건 자신의 호흡을 콘트롤할 수 있는지, 속도가 내 몸에 부담이 가지 않는지, 생각대로 이어지는지이다. 스피드에 집착하지 말자. 여러 번 강조하지만 프로젝트는 단기간에 모든 것을 쏟아붓는 전력 질주가 아니다.

다이어트를 처음 시작했는데 모든 식사를 다이어트 식단으로 한다면 결코 오래 갈 수 없다. 근육이 없는데 중량판을 잔뜩 끼운 100킬로그램짜리 바벨을 매일 들어 올릴 수는 없다. 글을 처음 쓰는 사람이 하루에 세 시간 이상 글을 쓴다는 건 무리다.

우리에게 필요한 건 적당히 오를 수 있는 계단이다. 오늘의 식단부터 줄여보자, 작은 무게부터 들어보자, 한 줄 쓰기부터 시작하자. 모든 일은 쉬운 단계가 있다. 작게 시작하면 부담이 없다. 그러나 작은 것들이 모여야 큰 것을 만들 수 있다. 처음부터 큰 결과를 얻을 수는 없고, 허들을 높인다고 결과가 좋은 것도 아니다. 프로젝트가 처음이라면, 혹은 많은 것을 비워내지 못했다면 5분 이하의 프로젝트도 좋다.

③ 즐거운 일인가?

시간 가는 줄 모르게 게임에 몰입한 경험은 누구나 있을 것이다. 게임이 재미있는 이유는 무엇일까? 적절한 난이도와 보상이 있기 때문이다. 대부분의 게임은 초반에는 익숙해지도록 아주 쉬운 단계를 집어넣는다. 모바일 게임이라면 터치 몇 번에 금방 끝나는 경우도 많다. 그때 '할 만하다'고 생각되니 게임을 계속해나간다. 그다음 단계는 조금 어려울지라도, 해냈다는 성취감 때문에 기분이 좋아지고 빠져든다.

프로젝트 역시 그렇다. '할 만하다'고 느끼면 지속할 수 있다. 더군다나 '즐겁다'고 느끼면, 멈출 이유가 없어질 것이다. 즐거운 일에 작은 노력을 기울이는 것은 어렵지 않다. 거기다 보상까지 더해지면 그 일을 더 하고 싶어진다. 보상이 주는 기쁨을 반복적으로 느끼고 싶기 때문이다. 프로젝트도 게임처럼 만들자. 즐겁지 않다면 하고 싶지 않은 것이 당연하다. 우리는 하고 싶지 않은 걸 억지로 하는 게 아니다. 재미를 느끼지 못했다면 제대로 하는 것이 아니다. 우리가 추구할 변화는 우리의 몸과 '싸우는' 것이 아니다. 제안하고 협력해서 천천히 바꾸는 것이다. 인생을 더 좋게 바꾸기 위해 재미없는 일을 굳이 할 필요는 없다.

프로젝트를 만들기 전에 눈을 감고 100일 동안의 내 모습을 떠올려보자. 미소 짓는 자신의 모습이 떠오르는가? 100일 동안의 일이 뿌듯할 것 같다면 시작해도 된다. 하지만 '다시는 안 하고 싶은 도전'이라는 마음이 든다면 하지 말자. 시작도 전부터 전의를 상실할 바에는 다른 것을 찾아보는 것이 낫다.

④ 지속 가능한 일인가?

프로젝트를 시작한 뒤에는 자신의 속도를 유지하는 데 신경 써야 한다. 이제 막 걷기 시작했는데 남들이 달린다고 내 페이스를 잊고 같이 뛰면 안 된다. 나의 호흡과 남의 호흡은 다르다. 흔히 하는 실수는 먼저 앞서서 시작한 사람들의 기준으로 자신을 평가하는 것이다. 남들이 전력 질주를 하는 듯 보일 수도 있지만, 실제로는 이미 충분히 숙련되어 여유 있게 수행 가능한 활동일 수 있다. 글쓰기 프로젝트를 시작했다고 하자. 그러면 한 줄 쓰기부터 시작해야 한다. 베스트셀러 작가의 글을 읽고 '나는 이렇게 쓸 수 없으니 글을 써도 소용없어'라고 한다든지, 완벽한 몸을 가진 사람의 식단대로 따라 하고는 '나는 이걸 지킬 수 없으니 안 돼'라고 포기해서는 안 된다. 그들의 성취 속에 숨겨진 과정을 떠올리자. 높은 성취를 이룬

이들은 내가 시작하기 훨씬 오래전부터 많은 시간을 투자해왔을 것이다. 그런데 어떻게 곧장 비슷해질 수 있겠는가? 욕심은 나를 괴롭히는 요소 중 하나다. 충분히 시간을 들이는 것 자체가 노력이다. 프로젝트가 처음이라면 더더욱 그렇다. 처음부터 높은 성과를 기대하지 말자. 눈높이를 낮추자. 시간은 걸릴 만큼 걸린다. 나를 높게 평가할 필요도 없고 낮게 평가할 필요도 없다. 지금 현재 모습에서 시작해야 한다. 그보다 더 중요한 지속성, 의식 있는 꾸준함에 초점을 두자. 묵묵히 걸어가는 것으로부터 성과는 자연스럽게 얻어질 것이다.

욕심은 나를 괴롭히는 요소 중 하나다. 충분히 시간을 들이는 것 자체가 노력이다.

⑤ 프로젝트가 잘 흘러가는지 확인할 수 있는가?

프로젝트를 만들면서 또 하나 중요한 고려 사항은 피드백이다. 경영학자 피터 드러커는 "측정할 수 없는 것은 관리할 수 없다"라고 말했다. 나의 행동이 구체적으로 표현되지 않는다면 평가할 수 없다. 피드백은 우리의 행동을 확인하고 더 나은 방향으로 수정할 수 있도록 도와준다. 그러니 프로젝트는 반드시 구체적으로 측정할 수 있어야 한다. 어떻게? 기록으로 진행 과정을 매일 기록하자. 기록하고 측정하지 않으면 중요한 두 가지를 놓치게 된다.

기록하지 않을 때 생기는 문제 두 가지

① 정확히 어떤 상태인지 알 수 없다

기록은 객관적이다. 했는지 안 했는지 구분이 명확하다. 만약 측정하지 않고 감각으로만 인지하면 어떻게 될까? 성과를 왜곡할 가능성이 매우 크다. 잘 해왔다고 느껴도 실제로 그렇지 않을 때도 있고, 요즘은 엉망이라고 생각했지만 의외로 잘 해나가고 있을 수도 있다. 우리의 감각과 기억을 그대로 믿어선 안 된다. 일주일 전의 저녁을 기억하지 못하고, 전날 했던 친구와의 대화 모두를 기억하지 못하는 게 인간 아닌가? 우리의 기억이 믿을 만하지 않다는 사실이 프로젝트의 난항을 초래한다.

나는 체크리스트를 확인하면서 진척 상황을 평가하는 시간을 좋아한다. 예상보다 잘 지킨 프로젝트도 있고, 잘해가고 있다는 느낌이었으나 도리어 엉망인 경우도 있다. 기록은 내 느낌과 실제의 간격을 메꾸어준다.

② 개선점을 찾지 못한다

기록은 빼먹은 채 계획만으로 프로젝트를 시작한 적이 있었다. 진행은 순조로워 보였다. 하지만 막상 프로젝트가 끝나고 나니 '내가 잘하고 있는가? 더 나아질 방법은 없는가?' 하는 고민이 됐다. 아무 것도 기록한 것이 없으니 이 프로젝트에서 어떤 점이 문제가 되었는지, 무엇을 덜 얻었는지 분명하지 않았다. 그때 기록의 필요성을 절절히 느꼈다.

기록은 단순히 진척 상황을 확인하는 수단만이 아니다. 기록 자체에서도 성취감을 느낄 수 있다. 처음에 계획한 대로 잘 진행되지 않을 수도 있지만 우리의 인생이 끝나지 않듯 프로젝트도 그것으로 끝이 아니다. 모든 성공과 실패의 경험은 피드백을 위한 자료가 된다. 프로젝트를 재검토하거나, 방향을 바꾸는 것, 반성하는 것, 잘못된 원인을 찾는 것 모두 피드백이다. 더 나은 프로젝트를 위해서 개선은 필수다.

꼭 손에 펜을 쥐고 기록할 필요는 없다. 진행 상황을 눈으로 확인할 수 있으면 어떤 방법도 괜찮다. 체크리스트를 만들어 표시해도 좋고, 앱을 이용하거나 사진을 찍어도 된다. 최소한의 노력으로 점검할 방법을 찾아보자. 매일 책을 읽는 프로젝트를 만들었다면 맨 마지막 장을 찍는 것으로 인증해도 되고, 노트에 읽은 페이지를 기록할 수도 있다. 자신에게 맞는 방법을 찾아보자. 한 가지 조언을 덧붙이자면, 같은 시간에 적는 것이 가장 좋다. 나는 매일 아침 일어나자마자 A4용지로 만든 체크리스트를 꺼내 어제의 프로젝트 결과를 적는다. 1분도 걸리지 않지만 그렇게 하면 까먹고 흘러가는 일이 거의 없다.

> 우리의 인생이 끝나지 않듯 프로젝트도 그것으로 끝이 아니다. 모든 성공과 실패의 경험은 피드백을 위한 자료가 된다.

100퍼센트 달성만이 성공은 아니다

우리는 100퍼센트가 아니면 의미가 없다는 생각을 자주 한다. 완벽하지 않을 바에는 시작하지 않으려고 한다. 하지만

100퍼센트 달성만이 프로젝트의 성공은 아니다. 여러 번 강조하지만 프로젝트의 목적은 완주다. 충실히 기록해왔다면, 실패하더라도 기록은 남는다. 내 현실을 명확하게 인식하게 해주는 것만으로도 프로젝트의 역할은 충분하다.

또한 프로젝트는 완주 자체가 성공이다. 그만두지 않으면 실패한 것이 아니다. 프로젝트의 목적은 나를 단련하는 것, 그 이상도 이하도 아니다. 나는 의지가 약하기 때문에 아무것도 바꿀 수 없다고 느끼는가? 하지만 알아야 할 것이 있다. 우리는 생각보다 강한 존재라는 것이다. 남들보다 강한가 아닌가는 중요하지 않다. 나 자신에게 필요한 만큼만 강하면 된다. 우리는 절대로 나약하지 않다. "할 수 없어, 어쩔 수 없어"라고 생각하는 건 쉽다. 마음도 편하다. 변하지 않아도 되니까. 내가 나를 더 힘들게 하고 있진 않은지, 가지고 싶은 게 많아서 모든 것을 내려놓지 못하는 것은 아닌지 생각해보자. 두려움이 생기는 것은 당연하다. 본능이다. 하지만 변해야 할 때도 있다. 하나씩 더해나가자. 나는 내 삶의 우선순위를 성장으로 정했고 독서, 글쓰기, 새벽 기상, 운동을 핵심 프로젝트 삼아 진행했다. 그리고 놀라운 변화를 만끽하고 있다. 충분히 바꿀 수 있다. 변화의 열쇠는 인식이다.

우선순위를 정했다. 프로젝트도 세웠다. 일상을 나답게 채우기로 마음먹었다. 꼭 성공하자. 마음을 굳게 먹었으니 이번엔 할 수 있을 것 같다. 목표 리스트를 쭉 적는다. 시작이 반이라고 하지 않았던가. 결심한 하루는 그런 대로 잘 보냈다. 그런데 이틀이 지나고, 사흘째가 되었다. 목표는 희미해지고 열정은 사그라든다. 귀찮아지고, 지루해지기 시작한다. 슬금슬금 이런 생각을 한다.

'굳이 이렇게까지 해야 할까?'

'나한테는 무리인 거 아닐까?'

'그래, 내가 원래 그렇지 뭐.'

의지 없는 자신을 탓하고 다시 예전 모습으로 돌아간다. 역시 나는 변할 수 없다는 좌절감 덩어리를 한 구석에 남기고서.

어디서 잘못된 걸까? 목표를 정하는 건 좋았다. 의지가 문제였을까? 게을러서 그럴까? 나름대로 열심히 하고 있는데 왜 다시 제자리걸음인 걸까.

마음을 굳게 먹더라도 순조롭지 않은 경우도 많다. 생각대로만 세상이 진행된다면 얼마나 좋겠는가. 처음에는 나 역시 많은 프로젝트를 계획하고 시도해봤다. 마음을 단단히 먹고 계획대로 철저히 해보기로 다짐도 했다. 그런 일이 반복될수록 자신감을 잃었다. 그러다 내가 변하지 못한 이유가 있었다는 걸 깨달았다.

① 완벽하게 하려고 해서
② 시간이 많이 필요하다고 생각해서
③ 내가 진짜 원하는 것을 몰라서
④ 내 의지만 믿어서

이 네 가지 때문에 내 계획은 작심삼일로 끝났다. 실패한 이유를 모르니 괴로울 수밖에 없었다. 첫 단추를 잘못 끼우면 나머지 단추도 잘못 끼워진다. 처음부터 기준 설정이 잘못되었다. 의지만 불태워 무작정 시도했으니 더 힘들었던 것이다.

05

하루 10센티미터 더하는 삶

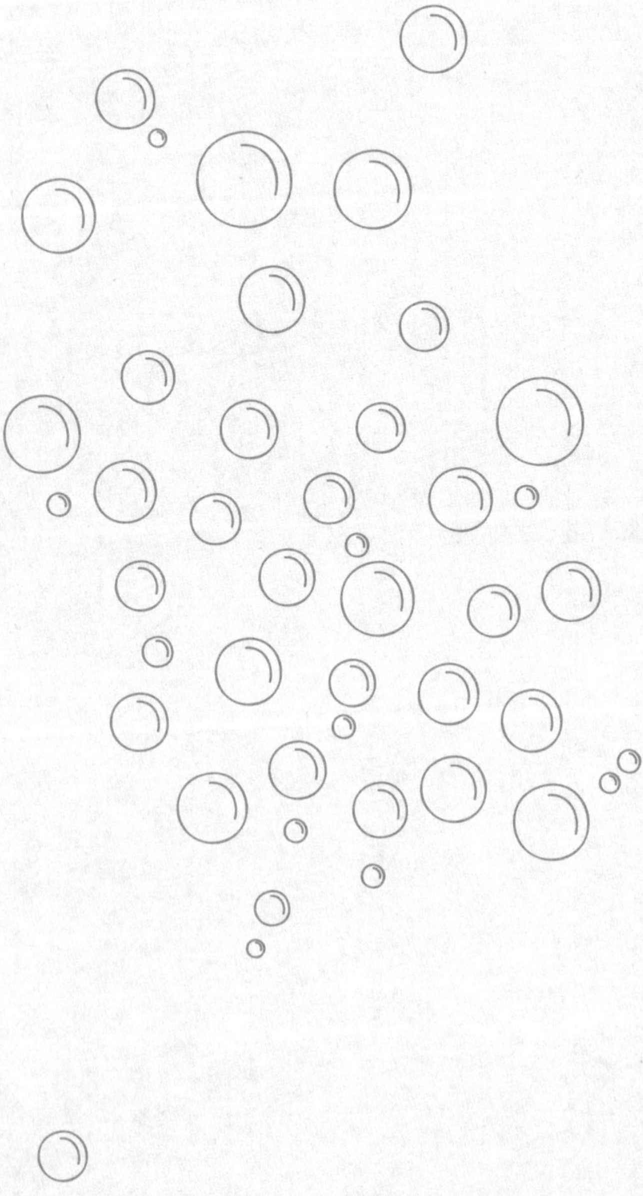

나를 업그레이드 하는 독서

✧ 프로젝트명: 독서 나이 프로젝트

✧ 기간: 3개월

✧ 목표: 내 나이인 31권을 경제·경영 서적 위주로 골라 기간 내에 읽기

✧ 기록 방법: 완독할 때마다 독서 앱에 기록하기

✧ 난이도: 별 5개

5부에서는 내가 하나하나 시도해본 프로젝트를 소개할 예정이다. 아직까지 어떤 프로젝트를 해야 할지 정하지 못했다면 이 5부를 읽으며 마음에 드는 것을 하나 골라서 입맛에 맞게 바꿔보자. 물론 내 경험을 토대로 만들어진 것이라, 난이도도 목적도 내 기준일 수밖에 없다. 그러므로 각자에게 적합한

지 아닌지 판단하고 자유롭게 바꿔보자. 내가 제안하는 것들 중 마음에 드는 것이 없다면 직접 만들면 된다.

나만의 일을 찾겠다고 굳이 독특하고 괴상한 일을 할 필요는 없다. 만약 동경하는 사람이 있다면, 그들의 습관을 유심히 지켜본 뒤 프로젝트로 만드는 것도 좋다. 단순히 무언가를 이루어 부러운 사람이 아니라, 삶의 방식이나 태도를 닮고 싶은 사람을 찾자. 그리고 그의 습관을 하나씩 따라 하는 것이다. 무에서 유를 만들기란 쉽지 않으므로, 처음에는 어느 정도 모방이 필요하다.

독서는 성장할 수 있는 빠른 방법 중 하나다. 누구나 책의 중요성은 알지만 읽지는 않는다. 책 한 권 읽는다고 달라질까 싶기도 하다. 의심도 있겠지만 가장 큰 이유는 재미가 없어서일 듯도 하다. 20대의 나 역시 그랬다. 소설 몇 권을 읽었으나 줄거리는 금방 까먹었고 국내 베스트셀러라고 해서 산 책은 첫 열 페이지 정도 읽다가 그만두었다. 내가 그렇게 행동했던 큰 이유는 목적이 없었기 때문이었을 것이다. 읽어도 되고 안 읽어도 된다고 여기니, 제대로 얻은 것이 없었다. 시간도 많이 들고 졸리고, 무엇보다 이게 좋은지 나쁜지도 모르니 매번 간을 보다 그만두는 일이 반복되었다.

그러나 목적을 가지고 책을 읽으니 이야기가 달라졌다. 앞서 말했듯 나의 첫 프로젝트는 독서였다. 독서의 목적은 '먹고사는 문제 해결하기'였다. 그래서 경제·경영 및 재테크 분야의 책을 읽기 시작했다. 31권이라는 목표를 세우고, 쉬운 책부터 읽어나갔다. 처음 접하는 분야이니 당연히 초보자 수준의 서적을 읽었다. 이해하기 쉬운 만화나 소설 형식의 책부터 찾아봤다. 쉬운 내용이라 이해하기도 쉽고 읽는 속도도 빨랐다. 비슷한 주제로 계속 책을 읽자 전에 읽었던 내용과 비슷한 내용들이 눈에 들어왔다. 어려웠던 내용도 반복해서 읽으니 점점 이해가 되는 것 같았다. 이후에는 베스트셀러나 다른 사람이 추천한 책 말고, 내가 스스로 책을 찾아보기 시작했다. 여러 권을 읽다 보니 저자마다 의견이 다른 부분들도 받아들일 수 있게 되었다.

독서는 성장할 수 있는 빠른 방법 중 하나다.

프로젝트가 순조롭게 진행되던 어느 날, 나는 '예전처럼 책을 안 읽고 살 수는 없겠구나' 하는 느낌이 찾아왔다. 한편으로는 내가 진심으로 그렇게 느낀다는 것이 놀라웠다. 책은 지루하고 시간만 잡아먹는 것이라는 예전의 생각이 송두리째 사라진 것이다. 나는 3개월 만에 31권을 읽었고 첫 프로젝트를 무사히 마칠 수 있었다.

경제를 공부한다는 목적을 가지고 프로젝트를 시작했지만 지식뿐만이 아니라 더 많은 것을 얻었다. 내 관념까지 바꿔놓은 것이다. 프로젝트가 책 읽는 습관을 들이기에 탁월하다는 것을 해나갈수록 깨달았다.

그다음에는 사람의 마인드가 성장에 가장 중요하다는 생각이 들었다. 자기계발 서적을 읽기 시작했다. 프로젝트가 끝나면 곧바로 다음 프로젝트를 시작했다. 블로그에 시작을 알렸고, 독서는 꼬리에 꼬리를 물고 지속되었다.

첫 프로젝트를 시작한 지 3년이 지났지만 여전히 나의 독서 프로젝트는 진행 중이다. 지금은 42권을 목표로 삼았다. 노하우도 제법 생겨 다독에 관한 입문서인 《미라클 리딩》을 출간했다.

어떤 이들은 다독보다 한 권의 책을 여러 번 읽는 것이 낫다고 느낄지 모른다. 하지만 꼭 필요하고 여러 번 읽어야 하는 책을 처음부터 만나기란 쉽지 않다. 나는 보통 한 달에 10권 이상의 책을 읽지만, 다시 읽고 싶은 책은 한두 권도 되지 않는다. 또한 어느 정도 독서력이 길러져야 책을 고르는 눈도 생긴다. 내가 다독하는 이유 중 하나도 여러 번 읽을 좋은 책을 찾기 위해서이다. 최대한 많은 양을 읽어 독서 근육을 키우면서 좋은 책을 발굴하여 또 읽는 것이다. 그러니 다독과 재독은 대척 관계가 아니라, 다독에 재독이 포함된다고 나는 본다.

모든 책을 반복해서 읽을 필요는 없다. 관심 가는 분야의 책을 여러 권 골라 다독하되, 가슴이 뛸 정도로 좋은 책을 만나면 그 책을 반복해서 읽자.

책이 나에게 주는 것

나에게 독서는 재미있는 공부이자 놀이다. 읽으면서 가슴 뛰는 경험, 놀라움을 느낀 것이 한두 번이 아니다. '이건 꼭 해봐야겠다'고 밑줄을 굵게 긋는 책을 만난다. 마음을 울리는 구절을 만난다. '이 저자 정말 천재가 아닐까?' '와! 나는 이런 것도 모르고 살았구나' 하고 무릎을 탁 치는 책도 만난다. 책을 읽으며 수많은 감정과 경험이 쌓인다. 내가 즐기기 시작하니 멈출 수 없다. 책이 인생이 되었다. 책을 읽으면 지식도 넓어지고 생각의 깊이가 깊어지는 것도 좋다. 하지만 그게 다가 아니다.

어떤 책은 나를 움직이게 한다. 나는 실용서를 읽을때 적용할 만한 것 세 가지를 책 빈 페이지에 적어둔다. (보통 제목이 인쇄된 맨 앞장이다). 그리고 그게 정말 소박한 일이라도 내 일상에 넣어본다. 예를 들어 아침에 일어나 레몬 물을 마시는 게 효과가 좋다는 말을 들으면 그걸 따라해본다. 그리고 효과가 없으면 그만두고, 나에게 효과적이라면 계속한다. 그렇게 행동해본 것들이 셀 수 없을 정도다.

사람들은 책을 읽으면서 '그것은 그 사람이기 때문에 할 수 있었다'라고 생각한다. 그 말도 맞다. 책의 저자는 자신의 지식과 경험을 토대로 전할 수밖에 없다. 당연히 그의 환경과 나의 환경은 일치하지 않는다. 그 사람이라서 할 수 있기도 했을 거다. 하지만 그게 중요한 건 아니다. 중요한 것은 내가 그 사람이 되는 것이 아니라, 그로부터 무언가를 얻어내는 것이다. 분명 내가 적용할 수 있는 행동, 태도, 조언 등이 한두 가지는 있다. 나에게 맞는 부분을 찾아 활용할 수 있다면, 그 책을 읽을 가치는 충분하다.

책은 철저히 자기중심적으로 읽어도 된다. 도움되는 것만 읽어도 괜찮다. 어차피 평생 독서만 하더라도 세상의 모든 책을 읽을 수는 없는 법 아닌가. 시간이 지나면 자연스럽게 범위가 넓어질 것이다. 그러니 처음에는 범위를 좁히자. 나의 독서 프로젝트는 단순히 지적 호기심을 채우기 위한 것이 아니다. '성장'을 위한 독서다. 적용할 수 있는 것은 철저히 해보자는 마음으로 시작해보자.

> 과거는 바꿀 수 없고,
> 미래는 오지 않았다.
> 지금 주어진 건 오늘
> 하루다.

우리의 가장 큰 무기는 오늘 하루의 시간이다. 과거는 바꿀 수 없고, 미래는 오지 않았다. 지금 주어진 건 오늘 하루다. 하루를 잘 살기 위해 노력하는 것이 인생을 잘 살기 위한 가장 좋은 방법이다.

일상을 다시 채우는 한 걸음

#12 독서 프로젝트 만들어보기

✦ 독서 프로젝트를 만든다고 가정하고, 다음을 채워보세요.

✧ 프로젝트명: ....

✧ 기간: ....

✧ 목표: ....

✧ 기록 방법: ....

✧ 난이도: ....

✦ 이렇게 하면 더 좋아요

❶ 최대한 자신에게 읽기 편한 수준의 책을 골라주세요.

❷ 한 권의 책을 읽을 때는 속도가 늘어지지 않게 노력해봅시다.

❸ 좋았던 문장, 떠오르는 생각을 리뷰로 남기면 더 오래 기억에 남아요.

❹ 종이책은 형광펜으로 줄치기, 귀접기, 메모하기로 흔적을 많이 남겨주세요.

나를 깨우는
미라클 모닝

✧ 프로젝트명: 미라클 모닝 프로젝트

✧ 기간: 100일

✧ 목표: 매일 5시에 기상하기

✧ 기록 방법: 매일 기상 시각 적기, 휴대폰으로 인증하기

✧ 난이도: 별 5개

미라클 모닝은 일찍 자고 일찍 일어나는 습관이다. 할 엘로드의 새벽 기상에 관한 책《미라클 모닝》이 베스트셀러가 되어 이 단어가 많이 쓰이게 됐다. 예전에도 비슷한 말은 줄곧 있었다. 바로 '아침형 인간'이다. 고요한 새벽, 아무도 방해하지 않는 시간에 나 자신만의 고유한 일을 함으로써 하루를 더

활기차고 생산적으로 보낼 수 있다. '아침에 일찍 일어나는 게 좋은 건 알겠지만 영 나와는 맞지 않는 일이야'라든지 '매일 새벽 기상이라니, 오히려 더 피곤하지 않을까?'라는 생각이 들 수도 있다. 물론 나도 처음엔 그랬다. 평생 야행성 인간으로 지낸 내가 일찍 일어나는 일 따위는 없을 거라 생각했다.

예전의 하루 패턴은 이랬다. 새벽 2시가 되어서야 잠이 들었다. 퇴근 후 유일하게 내 시간을 보낼 수 있는 때가 밤이기 때문이다. 다음 날도 출근이지만 최대한 눈이 감기기 전까지 버티다 보니 기상시간은 늘 늦었다. 아슬아슬하게 회사에 도착할 수 있을 만큼 늦게 일어나는 게 나를 위한 일 같았다. 금요일은 더 늦게 잤다. 주말에 부족한 잠을 몰아 자면 되기 때문이다. 주말은 푹 쉬기 위한 나만의 보상 시간 아닌가. 그렇게 일상 루틴이 잡히니 주말에 나는 매번 12시가 넘어서야 눈을 떴다. 밥을 먹고 TV를 보면 금방 저녁이다. '이상하다. 아무것도 안 한 것 같은데, 벌써 저녁 8시야? 뭐라도 할 걸 그랬나?' 일요일 밤만 되면 회의감이 든다. 무언가를 해보려고 늦게 자고 다시 월요일을 맞이한다.

이런 삶의 반복이었다. 퇴근 후 뭘 하자니 피곤해서 쉬고 싶고, 주말은 잠만 자다 보냈다. 내가 고작 한 일이라곤, TV를 보다가 잠이 드는 것 정도였다. 그러나 지금은 이렇게 흘러가지 않는다. 오후 열시 반이면 잠에 든다. 평일이고 주말이고 같은 시간에 일어난다. 침대에서 나오면 가글을 한 번 하고 부엌으로 가서 레몬 물을 만들어 마신다. 그리고 식탁에 앉아 노트를 펼친다. 그리고 글을 15분간 쓴다. 볼펜으로 머릿속에서 일어나는 생각들을 모조리 적는 것이다. 나에게는 일종의 두뇌 스트레칭이자 훈련이다. 매일 글을 쓰는 것이 나에게 가장 큰 행복과 성취감을 주기 때문에, 그 감을 잃고 싶지 않아서 계속 쓴다. 두 페이지를 가득 채우고 나면 나는 자리에서 일어나 10분 정도 스트레칭을 한다. 그다음으로는 책을 집어 든다. 머릿속이 깔끔해지는 기분이 든다. 그리고 출근 준비를 한다. 콧노래를 흥얼거리면서.

기분이 좋은 이유는 내가 오늘 해야 할 가장 중요한 일들이 끝났기 때문이다. 주말에는 평소보다 긴 시간을 쓸 수 있으므로 지금 해야 할 공

머릿속이 깔끔해지는
기분이 든다. 그리고
출근 준비를 한다.
콧노래를 흥얼거리면서.
기분이 좋은 이유는
내가 오늘 해야 할 가장
중요한 일들이 끝났기
때문이다.

부를 하거나 글을 더 쓴다. 이렇게 새벽 기상을 한 지 3년째에 접어든다. 루틴이 바뀌기도 하지만 일찍 일어나 가장 중요한 일을 한다는 사실은 변함이 없다. 앞으로도 예전처럼 늦게 자거나 하는 일은 없을 것이다. 늦게 잘 필요를 느끼지 못하기 때문이다.

나는 글을 쓰고 책을 읽지만, 매일 아침 달리기로 하루를 시작하는 사람도 있다. 더 나은 내가 되기 위해서 공부를 하는 이도, 책을 읽는 사람도 있다.

딱 10분만 일찍 일어났을 뿐

새벽이라는 말에 고개를 절레절레 흔들 수도 있겠다. 나도 그런 마음이 들지 않은게 아니었다. 수십년간 야행성이 체질이라고 여기며 살았으니까.

그저《미라클 모닝》을 읽고 시험 삼아 프로젝트를 해본 것뿐이었다. 새벽형 인간은 영 맞지 않는다는 자의식을 일단 무시하고 시도한 것이다. 물론 시도해볼까 마음먹는 순간에도 아침에 찌뿌둥하게 일어나는 내 얼굴이 상상되었고, 끔찍하게 느껴졌다. 하지만 10분이라면 어떨까? 괜찮지 않을까? 그렇게 10분 정도 당겨서 일어났다. 다음 날 나는 그렇게 피곤하지 않다는 사실을 깨달았다. 오히려 조금 일찍 움직이자 출근 준비 시간에 허둥대고 소란 피우지 않게 된다는 사실을 알았다. 10분 일찍 일어나는 일에 익숙해지자 나는 30분을 앞당겼다. 아침에 더 많은 시간을 보내는 것이 나를 위한 선물처럼 느껴진 것이다. 그리고 마음먹었다. 100일간 새벽 5시에 기상하기로.

처음부터 5시에 기상한 것이 아니라는 점을 말해둔다. 적어도 두 달 넘게 10분씩, 30분씩 일찍 일어나본 뒤였다. 아무리 그렇더라도 5시는 꽤 버겁지 않았느냐고? 물론이다. 처음에는 정말 힘들었다. 일찍 자야 했기에 저녁 대부분의 오락거리는 그만두었다. 지키는 것도 쉽지 않았다. 그러나 아침형 인간이 된 후로 나는 출근 전에 내 인생에서 중요한 일들을 마칠 수 있게 되었다. 쓰고 싶은 글을 쓰고 독서도 하고 운동도 한다. 새벽에 하루의 일 대부분을 끝냈으니 마음도 편하다. 아침에 생산성을 극대화해 할 일을 처리해두었으니 오후에는 좀 느긋하게 해도 상관없다는 생각이 든다.

결국 시간보다 중요한 건 매일 내가 아침에 일어나 '기꺼이' 시간을 보낸다는 것이었다. 일찍 일어나는 데 스트레스도 받지 않는다. 오히려 늦게 일어나면 스트레스가 생긴다. 야행성 인간에서 아침형 인간으로 바뀐 것이다. 프로젝트 기간에 100일 모두 5시에 일어난 건 아니다. 하지만 습관을 들일 수 있는 충분한 시간을 만들었고, 이제 새벽이 주는 성취감을 맛보았다. 이 성취감이 중요하다. 이제는 굳이 늦잠을 자야 할 이유를 찾는 것이 어려울 정도다. 그리고 프로젝트가 끝나고 기상 시간을 조절했다. 100일 간의 새벽 5시 기상이 버겁기도 했고, 아침에 두 시간만 있어도 충분히 잘 보낼 수 있다는 걸 알게 되었다. 굳이 5시를 고집할 이유는 없었다. 그래서 나는 6시로 알람을 바꾸었고, 지금도 그 시간대에 일어나고 있다. 프로젝트가 과하다고 느껴지면 나에게 맞게 조절한다. 피드백의 효과다.

새벽 기상의 효과

사람들은 "새벽 기상을 하면 피곤하지 않나요" 하고 자주 물어본다. 내 대답은 '피곤하지 않다'이다. 대부분의 사람들이 엄두를 못내는 이유 중 하나는 잠을 줄이는 것이라고 오해하기 때문이다. 미라클 모닝은 적게 자는 게 아니라 일찍 자는 것이다. 기상 시간보다 취침 시간이 더 중요하다. 나는 11시쯤 자고 새벽 6시에 일어난다. 7시간은 잘 수 있다. 100일쯤 해보니 새벽 기상이 정착되었다.

미라클 모닝은 성취감과 생산성을 극대화할 수 있는 추천 프로젝트 중 하나다. 가장 강력한 변화를 느낄 수 있으며, 무엇보다 시간을 만들어주기 때문에 그 시간에 다른 프로젝트를 곁들여서 할 수 있다. 단순히 아침에 일어나서 상쾌함을 느끼는 것이 아니라, 그 시간을 자신의 코어 타임으로 만들어서 집중력을 쏟아붓는 것이다.

주의할 것은 있다. 새벽 기상은 컨디션에 영향을 많이 받는다. 몸이 안 좋으면 못 일어나기도 한다. 자주 실패할 수도 있다. 우리 몸은 기계가 아니다. 매일 똑같은 시각에 일어난다는 건 시일이 오래 지나도 어려운 일이다. 늦게 일어나는 것 역시 프로젝트의 일부라 생각하며 다음 날 일어나면 된다. 새벽 기상으로 하루를 지배하는 힘을 얻을 수 있다.

일상을 다시 채우는 한 걸음

#13 기상 프로젝트 만들어보기

✦ 아침 일찍 일어나는 프로젝트를 만든다고 가정하고, 다음을 채워보세요.

✧ 프로젝트명:

✧ 기간:

✧ 목표:

✧ 기록 방법:

✧ 난이도:

✦ 이렇게 하면 더 좋아요.

❶ 기상 시간뿐만 아니라 취침 시간을 정하는 것이 도움이 됩니다.

❷ 기상하고 바로 해야 할 루틴을 정해봅시다. (저의 경우는 가글하고 레몬 물 마시기입니다.)

❸ 기상 후 몸을 움직여 열을 내주면 금방 잠이 깹니다.

✦ 아침에 고정적으로 하고 싶은 일들을 적어보세요.

우리는 모든 것을 잘하고 싶어 한다. 돈도 많이 벌고 싶고, 좋은 사람이 되고 싶다. 또 자신의 꿈을 키워 성공한 사람도 되고 싶고, 멋진 배우자도 되고 싶다. 프로젝트도 100퍼센트 달성이 목표다. 시작한 만큼 완벽하게 성공해야 할 것 같다. 마치 100퍼센트가 아니라면 의미가 없다는 듯이. 그러니 한 번 삐끗하면 더이상 완벽할 수 없으니, 포기하고 마는 것이다.

당연히 마음처럼 안 되는 날도 있다. 아침에 일어나려고 했지만 늦잠을 자기도 하고, 운동하기가 싫어서 하루 빼먹을 수도 있다. 글을 쓰는데 아무것도 생각이 나지 않아 테이블에 멍하니 앉아 있거나, 다른 인터넷 창을 들락날락할 수도 있다. 그렇게 하루를 빼먹었다고 '나는 역시 안 돼'라고 자책하는 것이다. 하지만 프로젝트의 목표는 강조하지만 완벽이 아니다. 생각과 실전에는 항상 갭이 있다. 만약 다른 사람들은 완벽하게 척척 해내는 듯 느낀다면, 다른 부분에서도 저렇게 할 수 있을까 떠올려보자. 완벽함이란 대부분 보는 사람이 만들어낸 이미지일 뿐이다. 멋져 보이는 이의 단면만 보고 나머지까지 완벽하겠거니 예상한다.

모든 사람은 완벽하지 않다. 즉 나도 완벽하지 않다. 그러니 완벽하게 하자는 강박관념을 버리자. 결점이 보이지 않는다고 해서 남들에게 결점이 없는 것이 아니다. 결점은 누구에게나 있다. 결점보다 장점을 얼마나 더 펼칠 수 있느냐에 따라 다른 삶을 살게 되는 것이다.

나는 내가 완벽한 사람이 아니라는 것을 잘 안다. 지금 내가 하는 말이 일부는 틀릴 수도 있다. 얼굴이 빨개질 정도로 창피한 일도 자주 겪는다. 나의 부족함은 당연하며, 무언가를 시도하면 그림자처럼 계속 따라다닐 것이다. 하지만 그런 결함이 있다는 걸 인정하고 받아들이려 노력한다. 내가 완벽에 도달할 수 있다는 생각도 하지 않는다. 지금보다 나중이 더 나을 수 있다는 사실만 믿는다. 어제보다 조금 괜찮아지는 것이 목표다. 그렇게 마음을 먹으면 꾸준히 집중할 수 있었다.

프로젝트를 시작하고 나서 해낸 날보다 해내지 못한 날들이 많을 수도 있다. 내가 못하는 것을 인정하고 받아들이면 된다. 다만 분명한 건, 우리는 그 주어진 시간들을 기록하고 있으니 더 나은 방향을 세우려고 노력할 수 있다. 더 쉽게 기준을 하향할 수도 있고, 잘되지 않은 원인을 파악할 수도 있다. 꾸준해질 수 있는 비결은 조정하는 방법을 익히는 것이다. 꾸준히 하기 힘들다면 내 역량만큼만 목표를 정하자. 해내야 할 일이 과했을 수도 있다. 몇 번인가를 빼먹었다고 해서, 100퍼센트가 아니라고 해서 포기하지 말자. 완벽하지 않아도 더 나아질 수 있다.

나를 채우는
글쓰기

글쓰기의 가장 큰 장점은 무엇일까? 나 자신을 들여다보는 일이라는 것이다. 내가 신경 쓰고 있는 일이 어떤 것인지, 내가 어떤 가치관을 가졌는지, 어떤 사람인지 글은 그대로 드러낸다. 글쓰기는 자신의 생각을 현실로 꺼내 문자로 만드는 행위다. 머릿속에 둥둥 떠다니는 것들을 종이 위에 나타내는 것이다. 즉 막연하게 생각했던 것을 끄집어내기 때문에 사고를 정리할 수 있다. 생각이 모두 정리됐으니 글로 나오는 것이 아니냐고? 물론 그것도 맞다. 하지만 나는 막연한 아이디어를 쓰면서 구체화하는 경우가 많다. 머릿속으로 아무리 전체를 다 계획하더라도 쓰다 보면 '아, 내가 이런 생각을 하고 있었구나' 하고 새삼스레 깨닫게 된다.

또 하나의 장점은 글이라는 결과물이 눈에 보인다는 것이다. 나의 글은 일기장에도, 에버노트에도, 블로그에도, 브런치에도, A4 출력물로도, 책으로도 있다. 관심사를 엮어서 쓰다 보면 자신만의 노하우가 더욱 깊어지고, 만약 글을 다른 사람에게 공개하면 또 다른 기회가 올 수도 있다. 창작의 기쁨도 느낄 수 있다. 공책 또는 노트북컴퓨터만으로도 우리는 생각을 마음껏 펼칠 수 있다. 상상력을 토대로 멋진 소설을 만들 수도 있고, 시를 지을 수도 있으며, 멋진 칼럼을 써볼 수도 있다.

나는 글쓰기 프로젝트를 특히 다양하게 시도했다. 누군가와 함께 하는 일이 아니므로 스스로에게 집중하기도 쉽다. 지금까지 해온 글쓰기 방법과 형식은 다양하다. 프리라이팅, 일기, 감사 일기, 에세이, 리뷰 등. 몇 가지를 추천해보고자 한다.

다이어리 프로젝트

✧ 프로젝트명: 다이어리 프로젝트

✧ 기간: 100일

✧ 목표: 매일 한 줄 이상의 일기 쓰기

✧ 기록 방법 : 체크리스트로 기록

✧ 난이도: 별 3개

만약 글쓰기가 처음이라면 가장 먼저 추천하는 것은 일기다. 하나 고백하자면 나는 초등학교 때 일기 쓰는 걸 지독히 싫어했다. 지금 생각해보니 숙제라는 인식이 강해서였던 것 같다. 선생님이 읽기 때문에 잘못 쓰면 안 된다는 압박감이 쓰는 즐거움을 가로막고 있었다.

일기를 써볼 마음이 든 건 고등학생이 되고 나서였다. 문방구에서 3천 원짜리 스프링노트를 한 권 사서 검은 펜으로 하루의 일과를 적어나갔다. 그날 있었던 일. 나의 기분. 요즘 드는 생각들. 아무도 시키지도 않았는데도 기숙사에 돌아오면 제일 먼저 일기장을 펼쳤다. 아무에게도 보여주지 않아도 되기에 더 자유롭게 적었다. 어느 때는 유일한 해방구처럼 느껴졌다. 이후 나는 대학생이 돼서도, 회사원이 돼서도 일기를 썼다. 빼먹지 않고 매일 꼬박꼬박 쓴 것은 아니다. 어느 때는 몇 달 동안 쓰지 않기도 했고, 어느 때는 거의 매일 쓰기도 했다. 어쨌든 앞으로 계속 일기를 쓸 생각만큼은 가지고 있었다. 어제 마지막 페이지까지 채운 일기장을 세어보니 20권이 훌쩍 넘는다.

일기는 자기 속의 것을 꺼내며, 누군가에게 보여주지 않기 때문에 자신이 진실하게 드러날 수밖에 없다.

차곡차곡 쌓인 일기장은 멋진 나의 인생 기록이 되었다. 일기는 자기 속의 것을 꺼내며, 누군가에게 보여주지 않기 때문에 자신이 진실하게 드러날 수밖에 없다. 그러므로 일기 쓰기는 절대로 가벼운 활동이 아니며 오히려 가장 중요한 글쓰기다. 형식도 마음대로, 그림을 그려도 되고 도표로 표현해도 된다. 나는 한동안 그림일기를 썼다. 일기 쓰는 순간을 즐겨보자. 아무도 보지 않는 노트를 채우는 것만으로도 충분히 가치있을 것이다. 막상 쓰려면 쓸 게 없을지도 모르겠지만 괜찮다. 일기는 아무 일이나 쓰는 것이다. 별일 아닌 것처럼 보이는 일도 시간이 흐르면 의미를 발견할 수 있다. 굳이 거창한 이야기를 꺼낼 필요는 없다. 대신 지금 감정에 집중해서, 혹은 사건에 집중해서 글을 써보자. 내가 현재를 어떻게 보내고 있는지 가장 잘 알 수 있다.

감사 일기 프로젝트

✧ 프로젝트명: 하루 세 줄 감사 일기 프로젝트

✧ 기간: 100일

✧ 목표: 매일 감사한 일을 세 문장으로 쓰기

✧ 기록 방법: 체크리스트로 기록

✧ 난이도: 별 4개

✧ 팁: 감사할 것이 떠오르지 않는다면 주변을 둘러보자(따뜻한 커피가 있다는 것에 감사하다고도 쓸 수도 있다). 오늘 내게 어떤 기회가 있는지 생각해보자. 가장 가까운 가족, 지인들에게 주기적으로 감사 일기를 쓰는 것도 추천한다.

일기 중에 조금 특별한 일기가 있다. 바로 감사 일기다. '나는 ~에 대해 감사한다'라고 쓰면 된다. 사람이든, 물건이든, 환경이든 대상은 상관없다. 일상에서 감사할 거리를 일부러 발견해 매일 글로 쓰는 것이다.

감사 일기라고 하니 조금 민망한가? 괜찮다. 나도 처음엔 그런 느낌이었으니까. 나도 시작하기 전에는 '굳이?'라고 생각하기도 했다. 평소에 감사하다는 이야기를 자주 하지 않으니 어색했던 것도 사실이다. 솔직히 말하자면, 권유를 받았을 때 반발심이 먼저 들었다. 감사할 게 있더라도 마음속으로만 감사해도 되지 않을까? 굳이 거창하게 써야 할까?

그러나 하루에 딱 세 줄 쓰기를 시도하는 건 어려운 일이 아니다. 해보면 1분도 걸리지 않는 일이니 시험 삼아 감사한 일을 찾아 써봤다. 별다른 게 떠오르지 않아서 이렇게만 썼다.

오늘 아침 커피 한 잔과 글을 쓸 수 있는 시간이 있어 감사합니다.

항상 내 옆에 있어주는 남편 감사합니다.

건강한 신체로 일을 할 수 있어 감사합니다.

막상 쓰고 출근을 하니 하루 종일 기분이 좋았다. 무엇 때문인지는 모르지만, 남들에게 직접 말한 것도 아니지만, 그저 기분이 좋았다. 그 뒤 나는 감사 일기를 프로젝트로 만들기로 결심했다. 해보면 알 것이다. 꽤 대단하다는 것을. 누군가에게 또는 어떤 상황에, 물건에 감사를 표현했는데 이상하게도 내 기분이 좋다. 지금 감사하게 여기는 일, 기분 좋게 만드는 일, 작은 기쁨을 주었던 일, 사소한 일 등 어느 것이든 괜찮다. 쓰다 보면 오히려 작은 일에 감사하는 일이, 그 마음이 더 즐겁게 느껴질 것이니까.

이후에 깨달았지만 감사란 철저히 나를 위한 것이었다. 이타적인 마음을 억지로 가지기 위해 감사라는 단어를 쓰는 게 아니었다. 무언가에게 감사한다는 말을 글로 나타내는 것만으로도 기분이 좋고 세상을 바라보는 눈이 달라진다. 쓰고 보니 더 감사할 것들이 눈에 보인다.

무언가에게
감사한다는 말을 글로
나타내는 것만으로도
기분이 좋고 세상을
바라보는 눈이
달라진다. 쓰고 보니
더 감사할 것들이 눈에
보인다.

감사 일기는 불안을 없애는 데에도 도움이 된다. 자신의 프레임에 따라 세상의 색온도는 달라진다. 감각적인 경험을 어떻게 해석하느냐에 따라 삶이 달라질 수밖에 없는 이유다. 많이 쓸 필요도 없다. 단 세 줄 정도면 충분하다. 휴대폰 앱에 써도 되고, 손글씨로 써도 된다.

감사 일기를 쓰고 나서, 나는 글에서든 말에서든 마지막에 '감사합니다'라는 말을 붙인다. 상대방이 "이런 일에 왜 감사해요"라고 하기도 하지만, 나는 "그냥요" 하며 씨익 웃는다.

다섯 글자짜리 말이지만 쉽게 사람들을 기분 좋게 해준다는 것을, 이 말을 쓰는 데는 아무 비용도 들지 않는다는 것을 알았다. 시작은 감사 일기였지만, 감사하고 이를 표현하는 일이 내 의식에도 깊이 스며든 기분이다.

100일 100번 쓰기 프로젝트

✧ 프로젝트명: 100일 100번 쓰기 프로젝트

✧ 기간: 100일

✧ 목표: 자신의 목표를 100번 쓰기

✧ 기록 방법: 노트에 기록

✧ 난이도: 별 4개

✧ 팁: 단어를 짧게 정한다. 5~6글자가 적당하다. 자신만의 양식을 만들면 더욱 애착이 간다. 누군가 함께 하면 서로를 응원해줄 수 있다.

100일 100번 쓰기 프로젝트는 말 그대로 간절한 목표를 100일간 100번 쓰는 프로젝트이다. 이 내용을 처음 책에서 접했을 때만 해도 실제로 내가 하게 될 줄은 몰랐다. 글을 100

번이나 쓰면 손목이 아플 것 같았고, 쓰는 시간이 아깝게 느껴졌기 때문이다. 그래서 6개월이 지나도록 까맣게 잊고 있었다. 그러던 어느 날 한 지인이 하고 있으며, 어느 정도 효과가 있었다는 말을 듣고 시작했다. 쓰다 보니 이런 생각이 들었다. 내가 진짜 원하는 일이 아니라면 '목표'를 100번 쓸 수 없겠구나. 반대로 100일을 꽉 채운 목표는 내가 반드시 이뤄야 하는 일이구나.

목표를 세우는 일은 중요하다. 더 중요한 것은 분명한 목표를 세우는 일이다. 우리는 진짜 목표와 어중간한 목표를 분간하지 못한다. 갑자기 누군가에게 영향을 받아서, 혹하는 마음이 생겨 갑자기 목표로 해야겠다는 충동이 든 적 있지 않은가? 나의 목표는 앞으로 이것이어야 한다며, 엄청난 열정에 사로잡힐 때가 있다. 그러나 그렇게 호기롭게 시작해서 작심삼일로 끝나는 일이 얼마나 많았는가.

100일 100번 쓰기는 목표에 대한 '진심 테스트'가 될 수 있다. 내가 얼마나 간절한지는 해보면 안다. 어중간한 목표라면 이 일을 달성하기 어렵다.

나는 100번을 쓰는 데 매일 아침 30분을 투자했고, 100일이니 3000분을 쓴 것이다. 만약 이 시간을 내가 그다지 원하지도 않는 단어를 쓰는 데 소비한다고 생각해보자. 분명 중간에 포기할 것이다. 100일 동안 끈기를 가지고 했다면 나에게 정말 중요한 목표인 것이다. 그래서 나는 간절한 목표를 썼고, 마지막까지 완수할 수 있었다.

단순한 행동으로 보자면 100번 쓰기는 따분하고 의미 없어 보인다. 디지털 시대에 종이를 펴서 한 자 한 자 꾹꾹 똑같은 단어를 매일 반복해 쓰다니… 시간도 걸리고, 팔도 아프다. 하지만 쓰고 나서 보니 전혀 그 시간이 아깝지 않았다. 살면서 목표 자체에 집중하는 시간을 가진 적이 있었나? 말만 목표라고 해놓고 실제로 그것을 어떻게 이룰 것인지는 고민하지 않는 게 다반사다. 마치 목표만 정해놓으면 알아서 찾아올 것처럼. 단순히 100번 글을 적는 것이 아니다. 목표에 몰입하는 시간을 만드는 데 더 큰 의미가 있다. 나는 그 단어를 쓰고 난 뒤 목표에 대한 아이디어나 방향을 A4 용지 뒷면에 적곤 했다. 실제로 100번 쓰기를 다 마쳤더라도, '나는 이 일이 중요해서 이런 일

신기하게도 작년에 100번씩 쓴 목표는 이루어졌다. 그리고 올해에 쓴 목표 역시 어떻게든 이룰 예정이다.

까지 했어, 그러니 사소한 문제로 그만둘 수 없어'라는 마음도 생긴다.

신기하게도 작년에 100번씩 쓴 목표는 이루어졌다. 그리고 올해에 쓴 목표 역시 어떻게든 이룰 예정이다. 시간이 조금 더 걸릴지는 모르겠지만 이룰 수 있을 거라는 확신이 든다. 여러분에게도 간절한 목표가 있다면 한 번 해보시길 권한다.

모닝페이지 프로젝트

✧ 프로젝트명: 모닝페이지 프로젝트

✧ 기간: 12주

✧ 목표: 매일 아침에 일어나 30분간 노트 두 쪽 분량으로 글쓰기

✧ 기록 방법: 몰스킨 노트에 날짜와 시간 기록하기

✧ 난이도: 별 3개

✧ 팁: 최대한 쥐기 쉬운 볼펜으로 쓴다. 아침에 일어나자마자 쓰는 것이 가장 좋다. 노트는 넉넉하게 준비한다. 꿈을 꾸었다면 꿈 속 내용으로 시작해본다. 시작할 단어가 떠오르지 않는다면 '나는 문득 이런 생각이 떠올랐다'라고 시작해보자. 문장이 떠오르지 않는다면

연상되는 단어를 차례로 나열해보자. 그리고 쓸 만한 단어가 떠오르면 그 단어를 문장으로 바꾸면 된다.

나는 새벽에 일어나자마자 글을 쓴다. 의식의 흐름대로 글을 쓰는 것이다. 손이 가는 대로 쓴다는 게 정확할 거다. 맞춤법을 신경 쓰지도 않는다. 단지 쓰는 행위에만 몰두한다. 이런 글쓰기를 '프리라이팅'이라고도 부른다.

특히 아침에 일어나자마자 쓰는 프리라이팅을 모닝페이지라고 부른다. 모닝페이지를 쓰는 이유는 무엇일까? 《아티스트 웨이》의 저자 줄리아 캐머런은 자신 안에 있는 창조성을 깨우기 위해서라고 말한다. 우리는 자신의 생각을 스스로 가로막는 경우가 많다. 어떤 아이디어를 떠올려도 스스로 걸러내어 생각을 자른다. 내 안에 비관적인 심판관이 있는 것이다. 만약 글쓰기를 시작했는데 한 글자도 나아가지 않는다면 아마도 '이건 진부해' '글이 엉망이야' '완전 별로야'라고 말하는 내면의 심판관 때문일 것이다.

그렇기 때문에 이런 모닝페이지 프로젝트를 통해 자기검열을 무시하는 연습을 하는 것이다. 좋은지 나쁜지 평가할 틈도 없이 글을 써내려가는 것으로 말이다.

일기와 차이가 있다면 프리라이팅은 더욱 더 엉망진창으로 쓴다는 것이다. 의미 면에서도 차이가 있다. 일기는 그날의 일과를 떠올리고 자신의 생각을 기록해 남겨둔다는 의미가 있다. 하지만 프리라이팅은 그 순간 글을 쏟아내는 행위에 의미를 둔다. 일기는 쓰면서 생각을 하고 잠시 멈춰볼 수도 있고 하루를 되돌아볼 수도 있겠지만, 프리라이팅은 멈추지 않고 나의 생각을 그대로 여과 없이 뱉어내는 것이 목적이다. 그 안에는 일상의 일이나 꿈이나 내 감정 등 모든 것이 뒤범벅되어 있다. 눈치채지도 못하는 사이 내밀한 이야기가 갑자기 툭 튀어나올 확률도 크다.

모닝페이지 프로젝트를 통해 자기검열을 무시하는 연습을 하는 것이다. 좋은지 나쁜지 평가할 틈도 없이 글을 써내려가는 것으로 말이다.

모닝페이지를 쓰다 보면 내가 가진 생각덩어리가 날것 그대로 드러난다. '글을 더 잘 쓰려면 어떻게 해야 할까?' '책에서 이런 구절이 나왔는데 어떤 의미인 걸까?' '선생님이 가르쳐준 내용을 받아들이지 못하는 이유가 뭘까?' '꿈에 이런 내용이 나왔다' 등 뒤죽박죽으로 글이 이어진다. 의식의 흐름대로 글을 쓰는 것뿐이고 모닝페이지에 쓴 내용은 대부분 다시 읽지 않으면 기억하지도 못하지만, 빼곡히 글을 채우고 나면, 머릿속이 한결 정돈된 기분이다.

익숙해지고 나니 모닝페이지 자체가 꼭 명상처럼 느껴진다. 초반에는 자신이 쓴 모닝페이지를 읽어보지도 말라는 조언에 노트 한 권을 가득 채울 때까지 읽지 않았다. 6개월이 지나고 나서는 가끔 예전에 쓴 모닝페이지를 읽어보곤 하는데, 그럴 때면 전혀 뜻밖의 생각의 조각들을 발견하기도 한다.

《아티스트 웨이》에서는 모닝 페이지를 꼭 세 페이지 쓰라고 강조했지만, 자신의 상황에 맞게 분량을 정해도 괜찮다고 본다. 줄리아 캐머런이 큰 영향을 받았다고 소개한 책《작가수업》에서도 노트의 크기를 규정해두지 않았다. 나는 처음에는 두 페이지를 30분 내에 쓰는 걸로 정했고, 1년이 지나서는 한 페이지를 15분 안에 쓰는 걸로 바꾸었다. 글쓰기 훈련에도 도움이 되니 만약 글쓰기에 관심이 많다면 해보길 권한다.

앞에서 설명한 글쓰기 프로젝트는 일상의 기록이다. 나의 정체성도 나타낸다. 방법은 다르더라도 일상이 어땠는지, 무엇을 느꼈는지, 어떤 것을 읽었는지, 무엇을 얻었는지를 표현할 수 있다.

하루를 붙잡을 수 있는 방법이 있다면, 바로 기록이라고 생각한다. 특히 글로 쓰는 기록은 더욱 특별하다. 우리의 머릿속에 떠다니다 휘발되는 무언가를 잡아서 표현하는 데 가장 명확한 수단은 아직까진 언어가 아닐까? 사진과 영상도 기록이지만, 내가 정확하게 무엇을 느꼈는지에 대해 그 속까지 표현해주지는 못한다. 그래서 나는 계속 쓴다. 내가 의미 있다고 여기는, 가끔은 언젠가 도움이 될 수도 있겠다 싶은 기록을 매일 채워나간다. 그리고 그 기록들은 쌓고 쌓여서 모든 것이 된다. 과거로 떠나고 싶으면 그 기록들을 찾아본다. 예전의 나를 만나는 기분이 들 때도 있다. 예전의 나도 열심히 살았구나 싶어진다.

자신만의 기록을 만들자. 조금 괜찮은 노트를 사서, 써내려가보자. 첫 몇페이지는 마음에 안 들 수도 있다. 그래도 괜찮다. 계속 써보자. 어떤 형태든, 그 기록 자체가 소중해질 날이 올 것이다.

✦ 가장 쓰고 싶은 글의 종류가 무엇인지 생각해보세요.

✦ 글쓰기 프로젝트를 만든다고 가정하고, 다음을 채워보세요.

✧ 프로젝트명:

✧ 기간:

✧ 목표:

✧ 기록 방법:

✧ 난이도:

나를 빛나게 하는 운동

입사한 지 얼마 안 되었을 무렵 회사 동기들은 내가 얼마나 버틸지 내기를 했다고 한다. 업무 강도도 셌지만 그룹 내 분위기가 말로 표현할 수 없을 정도였다. 얼음장 같은 회의 분위기에 숨조차 쉴 수 없었다. 조용히 숨죽인 쥐처럼 회사를 다녔다. 한 해가 지날수록 중요한 업무가 하나씩 늘어났지만 보람을 느낄 수가 없었다. 일을 할수록 스트레스가 쌓였다. 시간이 지날수록 화가 늘었다. "회사가 내 성격을 다 버려놨다"는 선배의 말을 나도 입버릇처럼 늘어놓기 시작했다.

유일한 탈출구는 음식과 술이었다. 야근하고 스트레스가 극에 달하면 동기들을 불러 근처 곱창집에서 소주를 마셔댔다. 상사를 안주 삼았다. 각자의 불평으로 공감대를 쌓으니

'나만 힘든 게 아니구나' 하고 위안 받는 것 같았다. 약속이 없을 때는 배달 음식과 맥주가 나의 저녁이었다. 예능을 보며 맥주를 한 모금 마시면 '그래! 이 맛 때문에 돈 벌고 산다'며 순간의 행복에 젖었다. 나쁘지 않았다. 다만 그런 일이 매일 일어나니 살이 점점 찌기 시작했고, 매해 건강 검진에서 유소견이 나타났다. 점점 몸은 늘어지고, 힘이 없었다. 더이상 이렇게 지내면 안 되겠다 싶었다.

퇴근을 하고 유산소 운동으로 땀을 흘렸다. 처음에는 힘들더니 익숙해지자 묘한 쾌감이 찾아왔다. 몸은 점점 탄탄해지고, 스트레스성 두통도 사라졌다. 땀이 얼굴에 송골송골 맺힐 때쯤 심호흡을 크게 하고 호흡에만 집중했다. 회사의 모든 상황이 멀게 느껴졌다. 더이상 회사에 얽매인 회사원이 아닌 것 같았다. 그 이후로는 혼자서 운동을 했다. 식습관도 바뀌었다. 열심히 운동한 것이 아까워 술과 음식을 가려 먹기 시작했다. 근력 트레이닝도 시작했다. 가벼운 몸 상태가 점점 좋아지기 시작했다. 예전에 충동적으로 먹고 싶었던 음식들이 더이상 생각나지 않았다. 내가 그동안 스트레스 때문에 폭식을 일삼았다는 사실을 깨달았다. 이후 나는 버킷리스트였던 바디프로필을 찍기 위해 프로젝트를 만들었다. 프로젝트를 통해 내 인생 최상의 상태를 사진으로 남길 수 있었고, 좋은 추억거리가 되었다.

운동은 면역력을 키우고, 멋진 신체로 단련하는 것이 목적이다. 하지만 내 운동 프로젝트의 목적은 더욱 생기 있게 일상에 몰입할 수 있는 에너지를 얻는 것에 가깝다. 신체와 정신은 이어져 있다. 당연한 것 같은가? 우리는 이런 중요한 사실을 쉽게 잊어버린다. 신체가 건강하면 좋은 생각이 나온다. 좋은 아이디어가 흘러나오려면 체력이 뒷받침되어야 한다. 걷거나 뛰기만 해도 충분하다.

산책 프로젝트

✧ 프로젝트명: 매일 산책 프로젝트

✧ 기간: 100일

✧ 목표: 매일 10분 이상 걷기

✧ 기록 방법: 스마트워치나 휴대폰 앱으로 기록

✧ 난이도 : 별 3개

편한 신발을 신고 걸어보자. 머리가 멍할 때 산책로를 따라 10분만 걸어도 한결 편해지는 것을 느낀 뒤로 나는 자주 산책을 한다. 적당한 운동은 뇌혈관을 자극해 두뇌 회전을 도와준다. 특히 생각을 정리하고 싶을 때 산책은 안성맞춤이다. 답답하게 막혀 있던 생각을 뻥하고 뚫어줄 수 있다.

주변에도 산책을 예찬하는 사람이 많다. 나는 다른 운동은 몰라도 달리기와 산책은 평생 하고 싶다. 건강이 향상된다는 점도 물론 그렇지만, 호흡을 깊게 마시고 내쉬는 행위가 정신을 맑게 해준다는 것을 알기 때문이다.

산책을 따로 시간 내어 하기 어렵다면 출퇴근 시간을 활용해보는 건 어떨까? 나는 지하철 한 정거장을 미리 내려 걷는 걸 좋아한다. 휴대폰을 가방 깊숙한 곳에 넣고 생각이 흘러가게 놔두면서 앞으로 걸어간다. 쓸데없는 생각이 튀어나오고 걱정이 생길 때도 있지만 의식의 흐름에 집중해본다. 괜찮은 생각이다 싶을 때는 기억해두었다가 나중에 메모한다.

호흡에 집중하고, 주변의 공기를 마시면서 걸어보자. 좋아하는 음악을 들으면서 조금씩 변하는 풍경을 바라보자. 리드미컬하게 호흡하는 몸에 집중해보자. 열이 온몸에 퍼져나가는 것을 느낄 수 있을 것이다.

걷는 데는 준비물도 필요 없다. 편안한 신발 한 켤레만 있어도 충분하다. 점심을 가볍게 먹고 주변을 걸어보는 것은 어떨까? 회사 주변을 빙 둘러서 걷기만 해도 오후의 업무 능력이 달라질 수 있다.

달리기
프로젝트

- ✧ 프로젝트명: 매일 러닝 프로젝트
- ✧ 기간: 30일
- ✧ 목표: 기간 내에 매일 10분 달리기
- ✧ 기록 방법: 스마트워치나 휴대폰 앱으로 기록
- ✧ 난이도: 별 4개

머리가 가득 차 있다고 느낄 때쯤 나는 달린다. 달리면 체온이 올라가고 심박수가 빨라진다. 그리고 호흡도 크게 들린다. 3킬로미터 정도만 뛰어도 꽉 막혔던 생각들이 어디 갔는지 모를 정도로 상쾌함이 느껴진다. 에너지가 솟구치는 기분이 든다.

예전에는 달리기를 무척이나 싫어했다. 학교 체육수업이 싫었던 이유도 빨리달리기 때문이었다. 매번 뒤에서 1~2등을 했으니, 소질도 없다 여겼고 왜 숨차게 달리는 건지도 전혀 이해할 수 없었다. 하지만 지금은 일주일에 한두 번은 달린다. 한 시간이 넘도록 달릴 때도 있다. 가끔 달리고 나면 속이 후련하다. 이런 변화는 왜 일어났을까? 재미를 못 느꼈던 이유가 있었기 때문이다. 예전의 나는 달리기에 아무런 의미를 느끼지 못했고, 달린다는 상상에 벅차 좌절감 먼저 들었다.

지금 나는 전속력으로 달리지 않는다. 내가 달릴 수 있을 정도로 천천히 달린다. 가끔은 걷는 것과 비슷한 정도의 속도로 시작한다. 달린 것을 매번 기록하는데, 기록이 갱신될 때마다 그렇게 뿌듯할 수가 없다. 달리지 말아야 할 이유가 없다. 달리기는 이제 재미있는 놀이가 되었다. 달리기는 나만의 훈련법이자, 놀이이자, 건강 유지법이다.

나도 몇 년 전만 해도 달리는 사람이 될 줄 전혀 몰랐다. 하지만 사람은 변할 수 있다는 걸 스스로 느낀다. 내가 재미없다고 생각하는 것을 방법만 달리해도 재미있게 느낄 수 있다. 달리기처럼 매일 하기 힘들어 보이는 것들은 기간 내 누계 목표로 설정하면 된다. 나는 매일 달릴 수는 없었지만 누계 목

> 운동을 시작하고 한 가지 깨달은 점이 있다. 스트레스를 푸는 방법은 기본적으로 나에게 해가 되는 방법이 아니어야 한다는 것이다.

표는 달성했다.

산책과 달리기 외에도 할 수 있는 운동 프로젝트는 많다. 아마도 여러분이 더 잘 알 것이다. 나는 폭식과 폭음에서 벗어나 운동을 시작하고 한 가지 깨달은 점이 있다. 스트레스를 푸는 방법은 기본적으로 나에게 해가 되는 방법이 아니어야 한다는 것이다. 당장은 행복할지 몰라도, 건강이 나빠지면 자존감이 더 낮아진다. 몸이 먼저였다. 조금씩이라도 스트레스를 조절할 수 있는 건강한 방법을 시도해보자. 운동 프로젝트가 그 좋은 출발선이 될 것이다.

✦ 평소에 운동을 하지 않는다다면, 운동을 해야 할 이유를 적어보세요.

✦ 하고 싶었던 운동도 적어보세요.

✦ 운동 프로젝트를 만든다고 가정하고, 다음을 채워보세요.

✧ 프로젝트명:

✧ 기간:

✧ 목표:

✧ 기록 방법:

✧ 난이도:

"프로젝트를 시작했는데, 다른 일이 늘어나서 점점 힘들어요." 의욕은 있지만 점점 시간에 쫓겨 프로젝트를 할 수 없는 경우도 있다. 모든 사람은 하루 24시간을 산다. 누구에게나 공평하다. 하지만 사람마다 사는 방식도, 시간을 쓰는 방식도 다르다. 어느 방면에서 성공했다고 여겨지는 이는 동일한 시간을 가지고도 밀도 있게 썼을 것이다. 세상을 깜짝 놀라게 하는 천재를 보며 사람들은 종종 그가 헤쳐온 시간을 깡그리 무시하곤 한다. 나는 가끔 그런 천재들을 보면 그들 안에 있는 수많은 시간의 크기를 상상한다.

원하는 시간만으로 삶을 보낼 수는 없다. 때로는 의무적으로 해야 하는 일도 있다. 직장인은 아홉 시부터 여섯 시는 기본이고, 출퇴근까지 합치면 하루의 3분의 1 이상을 회사에 쓴다. 잠자는 시간이 3분의 1이고, 결국 남은 3분의 1만이 자기에게 주어진 시간의 최대치일 것이다. 시간은 누구에게나 공평하지만 밀도는 다르다.

그렇기 때문에 나는 주어진 하루를 밀도 있게 쓰려고 노력한다. 현재 상황을 직시하되, 할 수 있는 만큼 하는 것이다. 아무리 일정을 비우고 싶더라도 뺄 수 없는 시간도 있다. 나는 한계가 있다는 것을 알고, 그 시간 내에서 잘 쓰기로 마음먹었다. 의식하지 않으면 무심코 놓치는 경우가 많다. 잠깐 머리 좀 식히려고 인터넷에 들어갔다가 몇 시간을 쓸모없는 콘텐츠의 바다에서 표류하기 십상이다.

시간을 잘 쓰려면 어떻게 해야 할까?

① 에너지가 가장 많은 시간을 노리자

사람은 잠을 자고 일어나면 매일 에너지가 생긴다. 그 에너지를 가지고 하루를 보내고 잠들기 전에 방전된다. 배터리가 충전되고 방전되듯 사람의 에너지도 마찬가지다. 그러니 저녁이 되면 유난히 지치고 힘든 기분이 드는 게 당연하다. 하루의 에너지를 다 써버렸기 때문이다. 오후에는 뭘 하려고 해도, 지쳐 쉬고 싶은 마음이 들기 쉽다. 없는 에너지를 쥐어짜내려고 하니 집중도 잘 안 된다. 간단한 프로젝트를 하려고 해도 더 많은 의지력이 필요해진다.

내가 찾은 방법은 에너지가 가장 많은 시간을 나에게 먼저 할당하는 것이다. 에너지가 없는 지친 시간에는 푹 잠을 자고 휴식을 취하고, 출근 준비 전에만 두 시간을 집중한다. 아침에 무언가를 하는 습관을 들인 뒤 나는 시간을 내가 원하는 만큼 쓸 수 있다는 것을 깨달았다. 회사에 출근하는 평일에도 말이다. 예전에 할 수 없었던 일들도 가능해졌다. 나는 가장 에너지가 넘치는 시간에 글쓰기에 집중했다. 그 시간에 블로그에 책 리뷰를 올리고, 에세이와 소설을 썼다. 지금 이 책도 그 시간이 누적된 하나의 결과다. 또 다른 때에는 운동을 하고 강의를 들으며 보냈다. 나의 가치를 높이는 일에만 집중하는 최적화된 시간이며, 가장 에너지 넘치는 시간이라 효과도 좋다. 이 시간이 반복되면 생체리듬이 적응해 몰입이 쉬워지고, 생산성이 높아지는 경험을 하게 된다. 3년 정도 밀도 있게 시간을 보내려 노력하다 보니 아침 두 시간 덕분에 오후를 더 활기차게 보내는 느낌도 든다. 집중해서 할 일을 다 끝냈을 때의 성취감이 원동력이 되어 하루를 기분 좋게 시작하는 것이다. 과거에는 하루의 시작이 회사 일이었기 때문에, 잘 안 풀리면 그 감정을 집까지 끌고 왔다. 그러나 지금은 내 일을 먼저 끝내놨기 때문에 회사 일이 잘 진척되지 않더라도 거의 영향을 받지 않는다. 중요도와 순서를 바꾸니 쓸데없는 에너지를 쓰지 않게 된 것이다. 내게 언제 에너지가 가장 많은지는 직접 여러 가지를 시도해보면 알 수 있을 것이다. 그 시간을 중점적으로 이용하자. 예전에는 늦은 밤이 나에게 활력을 준다고 생각했지만, 시도해보니 아침이 더 효율적이었다. 어떤 시간대든 좋다. 에너지가 넘치는 시간이 언제인지 알았다면 그 시간을 코어타임으로 만들자. 어영부영 '해볼까?' 하며 설렁설렁 하기보다는 '무조건 하나를 해놓자'라는 마음을 가지자.

② 자투리 시간에 할 일을 만들어놓자

10분 정도 빈 시간이 갑자기 생긴다면 무엇을 하는가? 출퇴근 시간, 점심시간 외에도 가끔씩 붕 뜨는 시간 말이다. 혹시 아무런 생각 없이 휴대폰을 만지지는 않는가? 사이트의 링크를 누르고 누르다 보면 '언제 이렇게 시간이 흘렀지?' 싶지 않은가? 사실 그렇게 흘러가는 시간을 아예 없앨 순 없다. 그러나 이런 자투리 시간이 생각보다 많다면 활용해보자.

자투리 시간은 그동안 조금 미뤄뒀던 것을 해보는 시간으로 정하자. 10분 정도가 주어지면 할 수 있는 일들을 리스트로 미리 만들어놓은 다음 그 시간에 그 일을 하자. 평소에 일부러 시간을 떼어놓진 않지만, 시간이 갑자기 생겼을 때 하는 일들은 꼭 있으니 말이다. 나의 경우 예를 들면 이런 일이다.

생필품 구입하기

에버노트에 메모 정리

스케줄 점검

블로그·브런치 글감 브레인스토밍

해야 할 일 메모하기

심호흡

스트레칭

짧은 시간을 활용해서 덜 중요하지만 긴급한 일을 해치우자. 보통 2~3분 내에 끝내면 되는 일이고, 빨리 끝낼수록 머릿속이 말끔해질 것들이다. 긴 시간 안 드는 일들은 '해야지' 하며 신경 쓰는 사이에 더 에너지를 소모한다. 빨리 해치우고 잊어버리자.

틈새 시간을 활용하기 위해선 자신이 이 시간을 흘려보내고 있다는 것을 '알아차리는 게' 가장 중요하다. 중요한 일은 큰 시간에, 작은 일은 틈틈이 해놓자. 이런 원칙을 세우면 시간을 충분히 활용할 수 있다. 몰입할 정도로 긴 시간이 필요한 건 아니지만 빠르게 할 수 있고 또 해야 하는 일은 자투리 시간을 활용해보자.

③ 휴식 시간 정해놓기

사람의 몸은 로봇이 아니다. 신나게 하다가도 지친다. 가끔 해야 할 일이 쌓여 에너지를 더 꺼내야 할 때도 있을 것이다. 그럴 때는 자유시간도 일부러 만들자. 시간이 없는데 휴식시간을 만들어야 한다고? 의아할 수도 있겠지만 부하가 걸리면 독이 된다. 번아웃을 막기 위해서라도 일부러 쉬는 시간은 꼭 필요하다.

나는 일요일 오후 3시부터 밤까지가 자유시간이다. 그때에는 무엇이든 해도 된다. TV를 봐도 되고, 유튜브를 봐도 된다. 일부러 만든 휴식이니 자유롭게 즐긴다. 그리고 월요일 아침이 되면 주간에 세웠던 목표를 점검하고 프로젝트를 지속한다. 일요일 오전까지 열심히 움직인다. 너무 빡빡해 보일 수도 있겠지만, 나는 매일이 휴식인 삶보다 이렇게 정한 시간이 더 달콤하게 느껴진다.

내 인생에서 아무 일도 하지 않고 쭉 쉰 적도 많았지만 (특히 대학교 1~2학년 방학은 더 그랬다) 딱히 행복한 것은 아니었다. 회사에서 열심히 일했으니까 밤마다 놀고 주말에도 술 마시며, 소파에서 TV를 보며 나는 매일 행복했을까? 아무것도 안 하며 흘려보내다가 매번 '주말에 한 것도 없는데 벌써 이렇게 지났네?' 하고 후회만 남는 날이 허다했다. 결국엔 '뭐라도 할 걸' 하고 침울해했다.

흘러가는 시간을 그저 쉬는 시간이라고 생각하기보다는 계획대로 시간을 활용하고, 쉬는 시간을 따로 마련하는 편이 더 의미있고 더 달콤하게 보내는 방법이다. 휴식은 양이 아니라 질이다.

① 중요한 일은 코어타임을 확보하여 몰입하기.
② 자투리 시간에 할 일을 리스트로 만들어두었다가 틈틈이 해치우기.
③ 휴식시간을 일부러 만들기.

이 세 가지만 노력해도 시간을 잘 쓰고 있다고 느낄 수 있다. 사람마다 활용할 수 있는 시간에 차이가 있다는 것은 안다. 더 여유가 있는 사람도, 없는 사람도 있다. 관건은 가진 시간을 어떻게 활용하는가다.

성과를 올리는 데 걸리는
시간 때문에 주저하지 말라.
시간은 어쨌든 흘러간다.
흘러가는 시간을 최대한 활용하는 편이 낫다.
_ 얼 나이팅게일

06

프로젝트 지속하기

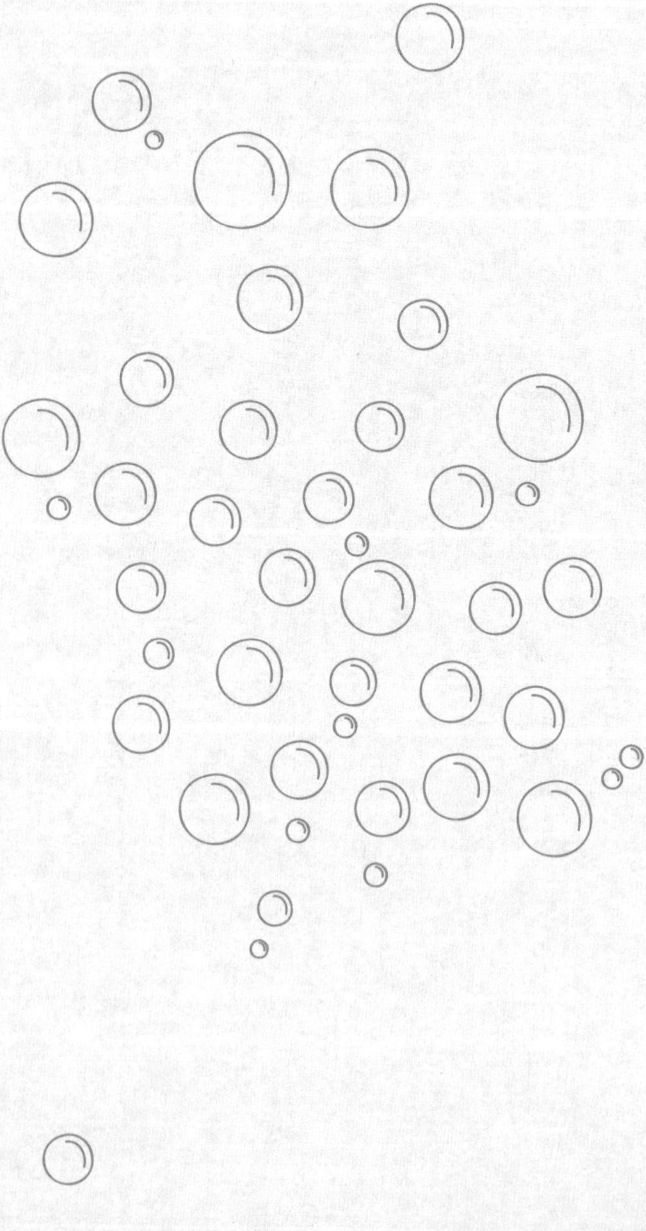

프로젝트 초반에 할 일

프로젝트의 단계마다 해야 할 일이 다르다. 6부에서는 프로젝트를 유지하기 위해 단계별로 해야 할 일들을 정리했다. 우선 초반부에 할 일이다.

① 자신만의 체크시트를 만들자

A4용지나 노트에 자신만의 체크시트를 만들어보자. 물론 앱이나 다른 생산성 도구들을 사용할 수도 있지만 직접 체크시트를 만들면 더욱 각별하게 느껴질 것이다. 스스로 줄을 긋고 글을 몇 자 적는 것뿐이더라도 더 나만을 위한 행동처럼 느끼곤 한다.

② 시간을 내자

프로젝트를 가장 효과적으로 수행하기 위해 얼마의 시간이 필요할까? 물론 어떤 프로젝트인가에 따라 다르다. 단 5분만으로도 충분할 수도 있고, 세 시간 이상이 필요할 수 있다. 처음부터 긴 시간을 따로 뗄 수 있다면 좋겠지만 현실적으로 쉽지 않은 일이다. 그러니 점진적으로 시간을 늘려나가자. 나도 처음에는 10~30분 정도로 시작했다가 점점 시간을 늘렸다. 현재 나의 코어타임은 매일 아침 출근 준비를 하기 전 두 시간이다.

코어타임을 순차적으로 늘려보자. 우선 10분부터 30분까지 늘린 뒤 유지해보자. 그 시간에 하나에 집중하자. 굳이 여러 가지 일로 채우지 않아도 된다. 한 가지 일만 해도 충분하다. 욕심을 부려 세세하게 나누지 말자. 처음에는 나 역시 일부러 낸 시간에 이것저것 다 집어넣어 채우고 싶었다. 하지만 하나에 몰입하는 편이 훨씬 효과적이라는 것을

> 멀리 바라보자. 인생의 계단을 차곡차곡 오른다고 마음먹자. 과거부터 해야 할 일이 있었고 우리는 잘해왔다.

깨달았다. 하고 싶은 일이 많더라도 다섯 개 중 세 개는 빼자. 한 개 또는 두 개 정도에 시간을 쏟아도 충분하다.

시간을 만들어 활용하고 집중해야 성과가 보인다. 멀리 바라보자. 인생의 계단을 차곡차곡 오른다고 마음먹자. 과거부터 해야 할 일이 있었고 우리는 잘해왔다. 미래에도 분명 문제는 생길 것이고 해결할 방법도 찾을 것이다. 반복할 수 있을 만큼의 시간은 있다. 그 시간을 어떻게 잘 챙길 수 있느냐에 따라 어디까지 성취할 수 있는지 다를 뿐이다. 자신의 가능성을 믿자.

시간은 흐른다. 계속 흘러 매일 조금씩 줄어든다. 지금 이 책을 읽고 있는 이 시간도 다시 돌아오지 않는다. 우리는 시간이라는 기초 자산을 가진 투자자다. 시간을 투자해 다른 가치로 바꾼다. 선택에 따라 다른 결과를 만든다. 시간을 어떻게 쓰는지에 따라 더 나은 것을 얻을 수도 있고, 아닐 수도 있

> 투자하기 위해서는 공부와 분석이 필요하듯, 우리의 시간에도 공을 들여보자. 가장 소중한 자원은 시간이다. 시간부터 관리해야 한다.

다. 투자하기 위해서는 공부와 분석이 필요하듯, 우리의 시간에도 공을 들여보자. 가장 소중한 자원은 시간이다. 시간부터 관리해야 한다. 그러니 다시 처음으로 돌아가 내가 뺄 수 있는 것이 무엇인지 고민해보자. 빼지 않으면 더할 수 없다.

✦ 현재 사용하고 있는 생산성 앱이나 노트 등이 있나요? 적어보세요.

✦ 위에서 쓴 것들을 어떤 기능 때문에 사용하는지 적어보세요.

✦ 앞에서 만들어본 프로젝트를 점검하기 위한 체크시트에는 어떤 내용이 들어가면 좋을지 구상해보세요.

프로젝트 중반에 할 일

프로젝트에 절대 빠져서는 안 되는 과정이 있다. 바로 피드백이다. 피드백은 프로젝트를 실행한 결과를 바탕으로 프로젝트를 조정하는 작업이다. 내가 계획한 대로 흘러가고 있는지, 더 고칠 만한 곳은 없는지, 잘 안된다면 무엇 때문인지를 확인하는 작업이다. 피드백이 없으면 내가 잘하는지 못하는지 전혀 알 수 없을 것이다. 프로젝트를 진행하고 나서 그 시간들을 돌아보는 과정이야말로 정말 중요하다. 어느 정도 프로젝트에 익숙해졌다면, 차분히 기록해보자.

✧ 프로젝트를 진행하면서 어떤 변화가 느껴졌는가?

✧ 해내기에 힘든 점은 없었는가?

✧ 바꿔야 할 규칙은 없는가?

✧ 이 프로젝트를 계속 해야 하는가?

이런 항목들을 적어보자. 나에게도 온갖 감정이 들었을 것이며, 내 안에 무언가 싹튼 것이 있을 것이다. 그것을 글로 옮겨보자. 적지 않으면 결국 기억 속에 희석된다.

주간 성공 회의

프로젝트

나는 피드백을 하는 날을 정해놓는다. 일요일 아침에는 노트북을 열고 주간 성공 회의를 한다. 갑자기 주말에 회의라니 이상하겠지만, 나 혼자 일주일간 해온 프로젝트를 점검하는 시간을 가진다는 의미다. 회사에서 이번 주에 무슨 일이 있었는지 그룹끼리 모여 보고하며 내용을 공유하고, 다음 주 일정을 고치는 것처럼 나는 스스로 일주일 간의 프로젝트를 검토한다. 우선 지난주에 계획했던 '이번 주의 가장 중요한 일 세 가지'가 달성되었는지 체크한다. 그리고 구체적으로 어떤 일을 통해 이루었는지 적는다. 독서가 목표였다면, 읽은 책의 제목을 쓴다. 글을 썼다면 어디에다 썼는지 적는다. 그런 다음 이런 내용을 적는다.

✧ 성공 및 성과

✧ 다음 주에 더 집중할 일

✧ 이번 주 새로운 아이디어

✧ 감사 한 줄

각각 세 줄씩 쓰기로 정했기 때문에 각 항목의 아래에는 세 줄이 비워져 있다. 성공한 것이 하나도 없는 듯해도 세 칸을 채우기 위해 생각을 떠올리다 보면, 깨닫지 못했던 성과가 불쑥 떠오르기도 한다.

이렇게 쓴 회의 일지는 더이상 수정하지 않고 네이버에 만든 비공개 개인 카페에 업로드한다. 마무리를 짓는 행동이다. 주간 회의 일지가 쌓일수록 내 작은 성공들이 소복이 쌓이고 있음을 확인할 수 있다.

매주 주간 일지를 쓰는 데 걸리는 시간은 10분 정도다. 나는 이 순간이 일주일 중 가장 중요하게 느껴진다. 일주일의 마침표인 동시에 다음 주의 시작을 알리는 경계선 같다. 이렇게 스스로 시간의 구분을 지으면 머릿속이 정돈된다.

주간 성공 회의는 체크시트보다 장기적인 시각으로 볼 수 있도록 도와준다. 내가 일주일을 어떻게 보냈는지, 한 달을 어떻게 살았는지 그리고 1년을 어떻게 살았는지 확인해보자. 물론 다이어리에 매일 일정을 짜고 목록에 체크하는 것이 자신에게 맞을 수도 있다. 하지만 내 일정이 완벽하게 되지 않은 적이 많았고, 그 하루를 지키지 못했을 때 침울한 적도 많았다. 내 경우 주 단위로 이렇게 10분 정도를 할애해서 지난 성과를 검토하는 것이 더 효과적이었다.

주간 성공 회의에서 쓴 내용을 토대로 월말에 월간 리뷰를 하고, 상반기와 하반기, 1년의 마무리를 짓는 시점에서 프로젝트를 다시 한번 리뷰한다. 그렇게 내가 한 일들의 구체적인 자료를 모으다 보면 최종적으로 내가 1년간 가장 잘 이룬 성과 세 가지를 연말에 알 수 있다. 작년과 올해 나 자신이 어떤 일을 가장 큰 성취로 느꼈는지를 보면 스스로도 놀랄 것이다.

이렇게 내가 했던 일들을 취합하고 정리하는 것을 사실 어떤 책을 읽는 것보다, 글을 쓰는 것보다 더 우선순위에 두어야 한다. 나 자신이 부족하다 여겨 이곳저곳을 찾아본들 정작 내가 무엇을 실패하고 배웠는지를 모른다면 방향을 잡는 게

'그래 이런 일들이 있었기 때문에 지금의 내가 된 거야. 나는 점점 나아지고 있어.'

무의미하기 때문이다.

피드백은 나의 현재를 정확히 인지하고 방향을 세우도록 해주기 때문에 중요하다. 피드백을 거치면 더 빠르게 개선할 수 있고, 내 노력도 더 의미를 갖게 된다.

프로젝트를 만들었다면 꼭 점검하는 시간을 갖자. 가능하다면 월간, 연간으로 기록을 이어나가보자. 가끔 아무것도 변한 것이 없다고 느껴질 때 예전 월간 일지를 다시 보는데, 그 기록을 통해 용기를 얻는다. '그래 이런 일들이 있었기 때문에 지금의 내가 된 거야. 나는 점점 나아지고 있어.' 그런 마음을 가지고 또 천천히 진득하게 할 일을 해놓는다. 피드백으로부터 얻는 순기능이다.

✦ 다음의 질문에 답해보세요.

✧ 프로젝트를 진행하면서 어떤 변화가 느껴졌는가?

✧ 해내기에 힘든 점은 없었는가?

✧ 바꿔야 할 규칙은 없는가?

✧ 이 프로젝트를 계속 해야 하는가?

✦ 일주일치 성과를 결산해보세요.

✧ 이번 주의 성공 및 성과

✧ 다음 주에 더 집중할 일

✧ 새로운 아이디어

✧ 감사 한 줄

프로젝트가 끝난 뒤 할 일

프로젝트가 끝났다면 나 자신을 칭찬하자! 자신의 성과를 축하한다는 게 자아도취적인 일인 듯 느낄지도 모른다. 하지만 그렇다고 축하하지 않을 이유는 없지 않은가? 어렸을 때 우리는 땅을 짚고 혼자 일어서는 것만으로도 부모님에게 박수를 받았다. 성인이 되어서도 내가 한 성취를 즐길 시간은 필요하다. 내가 원하는 것을 해주자. 좋아하는 물건을 사거나, 그 어떤 것이라도 해주자. 나 자신에 대한 보상을 준비하자. 나는 프로젝트를 끝내고 나서는 원하는 것을 마음껏 한다. 좋은 술을 마시고, 맛있는 음식을 나에게 대접한다. 자신에게 인색한 사람이 어떻게 다른 이에게 베풀 수 있겠는가? 우선은 나와 친해져야 하고, 내가 나의 동기부여가가 되어야 한다.

자신에게 받는 인정은 그 어느 것보다 삶을 이끌어가는 원동력이 된다. 그것을 자존감이라고 불러도 좋다. 나를 존중하기 위해 어떠한 성과가 필요하다면 나는 그것을 프로젝트를 통해 얻은 나 자신이라고 말하고 싶다. 프로젝트를 하는 것은 단지 결과를 내기 위함이 아니다. 이를 통해 내가 어떻게 변하는지 스스로 느끼기 위함이다.

선순환의 힘

앞에서 언급했듯 처음에 나는 프로젝트를 딱 하나만 했다. 바로 책읽기였다. 내가 쓸 수 있는 시간을 모두 독서에 쏟아부었다. 10분이라도 시간이 나면 책을 읽었고, 그렇게 읽는 시간이 즐거웠다. 내가 원했고, 무언가 할 수 있을 것 같은 기분이 들었다.

시간이 더 필요해지자 책에서 알게 된 아침 시간 활용법을 적극적으로 내 일상에 적용해보기로 했다. 한두 달은 정말로 힘들었던 것 같다. 새벽 두시가 평균 취침 시간이었는데 열시에 자게 되었으니 네 시간 정도의 일상을 바꾼 셈이다. 그러나 효과는 분명했다. 더 많은 책을 읽을 수 있었다. 독서 프로젝트가 내 일상에 녹아들었다 느껴질 때쯤 글을 쓰기 시작했다. 많은 것을 머릿속에 집어넣고 있으니, 꺼내서 정리하고 싶은 마음이 들어서다. 책을 읽는 시간을 내기도 버거운데 글을 쓸 수 있을까 고민됐으나 점점 진정으로 내가 이 일을 원한다는 느낌을 받았다. 그리고 글을 쓰는 재미에 빠져들었다. 처음에는 블로그에 리뷰를 써보는 연습을 하다가 500자 분량의 짧은 글쓰기에 도전했고, 그게 이어져서 지금 이 책을 쓰게 되었다. 글쓰기를 시작하니 어느 정도 독서량이 줄었으나 나는 그것이 조금도 아쉽지 않았다. 적당한 분량은 읽고 있었으므로. 그리고 평생 독서 습관이 자리 잡았으니, 당장 몇 권을 더 읽는 게 중요하지 않았다. 또한 글을 쓰니 책을 읽을 때 훨씬 집중하게 되었고, 기억도 더욱 오래 남았다. 글쓰기까지 익숙해지고 나니 다른 것들이 눈에 보였다. 다시 해볼 프로젝트들이 눈에 띄기 시작한 것이다.

나는 이렇게 프로젝트를 '하나씩' 시작했다. 그리고 이 프로젝트들이 익숙해질 때까지 충분히 집중했다. 신기하게도 이렇게 개별적인 프로젝트들이 하나의 덩어리처럼 내 삶을 움직였다. 하나의 성공이 다음 프로젝트를 시작하게 하고, 그 성공이 예전의 프로젝트에도 영향을 미쳤다.

나는 이것을 프로젝트의 선순환이라고 부른다. 그리고 이 일이 나에게만 적용되지는 않을 것이라고 믿는다. 처음에는 딱 하나의 프로젝트만 시작해보자. 주변에서 다른 사람들이 이것도 해보고 저것도 해볼 때 나는 오로지 독서만 했다. 또 다른 사람이 새로운 것을 보여줘도 나는 글쓰기만 했다. 내 삶에 중요한 것 몇 가지 외에 다른 것은 하지 않았다. 3년이 지난 지금 어떻게 되었을까? 지금도 나는 독서와 글쓰기를 하고 있고, 새벽에 일어난다. 그러나 여기저기 기웃거렸던 사람들은 중간에 포기하거나 사라졌다.

《원씽》의 저자 게리 켈러는 말한다. "훌륭한 성공은 동시다발적으로 일어나는 것이 아니라 순차적으로 일어난다. 그렇기 때문에 남다른 성과를 얻기 위해선 삶에서 도미노 효과를 만들어내야 한다. 한 번에 하나씩 줄을 맞춰 세운 다음 첫 번째 조각이 넘어질 때까지 있는 힘껏 내리치면 된다."

나 역시 이 말에 동의한다. 많은 것들을 하지 않을 결단, 필요한 것 외에는 신경 쓰지 않는 뚝심도 필요하다. 남들

많은 것들을 하지 않을 결단, 필요한 것 외에는 신경 쓰지 않는 뚝심도 필요하다.

에게 뒤처진다는 생각이 들 때는 기억하자. 조급함이 우리를 갉아먹을 거라고. 꾸준히 하나를 지속하는 것만큼 강한 것은 없다. 프로젝트는 승리보다 끝까지 살아남는 것, 완주하는 것이 중요하다. 그러기 위해서는 조용히, 그리고 꾸준하게 해내는 정신이 필요하다.

성과 노트가
묵묵히 증명해주는 것

나는 6개월에 한 번씩 내가 한 일들에 대한 성과노트를 다시 읽는다. 1년 전의 기록을 읽고, 2년 전의 기록도 읽는다. 읽는 이유는 단 하나. 내가 어떻게 변하고 있는지를 인식하기 위해서다. 노트에는 그 당시의 목표도 적혀 있고, 고민거리 또한 적혀 있다. 노트를 읽다 보면 놀라게 되는데, 내가 적어놓은 목표가 예상보다 빨리 이루어진 것이 제법 되기 때문이다. 예를 들어 3년 전, 5년 뒤에는 책을 써보자고 한 것이 1년도 안 되어 이루어졌다. 어떤 것을 배우고 싶다고 마음을 먹으면 몇 달 이내에 배우고 있었다. 그렇게 하나씩 성과가 쌓여가는 과정을 보고 있자면, 나조차 어떻게 이리 빠르게 진행되었는지

의아할 정도다. 또 반대로 그때는 어렵고 막막하게 느껴졌던 문제가 지금 보면 아무것도 아닌 일로 느껴지기도 한다. 즉 당시에는 미래의 내모습을 상상할 수 없었지만, 나도 모르는 사이 내가 감당할 수 있는 그릇의 크기가 커진 것이다. 내 그릇의 크기가 커지면 나는 더 잘할 수 있게 된다. 눈앞에 있는 문제에 집중했을 뿐인데, 나는 어느새 단련이 되어 있었던 것이다.

일상을 다시 채우는 한 걸음

#18 칭찬하기

✦ 프로젝트를 진행하는 동안 잘한 점은 무엇인가요?

✦ 프로젝트가 끝나고 얻은 것은 무엇인가요? 나 자신에 대해 긍정적인 생각을 담아 평가해보세요.

✦ 나에게 상을 주는 의미로 무엇을 하고 싶은가요?

프로젝트를 하는 도중에 이런 의문이 들 때가 있다.

'내가 원하는 게 이게 맞나?'

단순히 힘들다기보다 내가 정말 원해서 하는 일인지 고민되는 순간이 온다. 의문이 계속되면, 처음의 다짐도 잊히고 시들시들해진다. 예전의 달콤한 생활이 떠오르고, 이런 마음이 들지도 모른다.

'이 일을 하지 않아도 괜찮지 않을까?

그런 마음이 들었다면 다시 '왜'로 돌아가자. 나는 왜 이 프로젝트를 시작했는가?《나는 왜 이 일을 하는가》의 저자 사이먼 사이넥은 말한다.

'왜'가 만들어지지 않았다면, '어떻게'와 '무엇을'에도 일관성이 없어지게 된다고. 즉 지속할 원심력이 없는 상태인 것이다. 처음부터 확실한 이유를 정하는 것이 프로젝트의 전반적인 진행에 영향을 미친다. 논리적인 이유가 아니어도 괜찮다. 개인의 목표는 남을 설득하기 위해서 존재하는 것이 아니다. 내가 더 즐겁고 행복하기 위해 세우는 것이다. 삶에 활력을 불어넣고 싶어서 시작하는 것이 프로젝트다. 그러니 이유 하나하나를 조목조목 따질 필요는 없다. 직관을 믿으면 된다.

왜 하고 싶은지가 떠오르지 않는다면 계속할 필요가 없다. 그 이유가 하나라도 뚜렷하게 있다면 자신을 계속 믿어야 한다. 프로젝트가 당장 나와 맞지 않고 버겁다면 조정하자. 어떻게든 이것을 하기로 마음먹었다는 게 중요하다. 결과는 나중에 판단할 일이다. 그러니 믿고 나아가자.

프로젝트가
습관이 되는 순간

프로젝트를 하다 보면 프로젝트 자체가 일상에 녹아드는 순간이 온다. 그렇다. 습관이 되는 순간이다. 습관이 되면 거의 힘을 들이지 않고도 할 수 있다. 저항이 없고, 그 일이 당연하게 느껴지고, 가끔은 무의식적으로 일어날 정도의 일이 된다.

과정 중심 프로젝트는 습관화에 딱 들어맞는 방법이다. 일상의 습관을 하나씩 바꿔나가고 일상을 스스로 정하는 '루틴'이 생기는 것과 다름없다. 그렇게 되면 어떻게 될까? 다음 프로젝트를 실행하는 데 아무런 거리낌이 없어진다.

나의 경우 미라클 모닝, 독서, 글쓰기는 습관이라고 부르기도 한다. 아침에 일어나 혼자만의 시간을 보내는 데 거부감이 없기 때문이다. 책을 읽는 것도 무척 즐겁다. 잠을 더 늦게 프로젝트가 습관이 된다는 것은 '한다'에서 '산다'로 바뀌는 것이다. '아침에 일어나도록 한다'가 아닌, '아침에 일어나게 살아가는 것'이다.

자고 싶다는 생각이 전혀 없다. 더이상 늦잠을 잘 이유가 없기도 하고, 지금 이렇게 하루를 시작하는 것이 무척 편안하기 때문이다. 책을 펼치고 몇 시간 동안 읽는 것은 즐거운 일이다. 가끔 며칠 동안 나 홀로 책만 읽고 싶은 기분이 들 때도 있다. 글쓰기도 마찬가지다. 편해지고, 저항감이 없어지면 습관이 완성된 것이다. 습관이 되면 오히려 하던 것을 빼놓은 날은 어딘가 불편하고 초조해진다. 양치를 빠트리고 잔 것처럼. 하는 게 마음 편한 일이 된다. 평상시에 할 수 있게 되는 것이다.

프로젝트가 습관이 된다는 것은 '한다'에서 '산다'로 바뀌는 것이다. '아침에 일어나도록 한다'가 아닌, '아침에 일어나게 살아가는 것'이다.

습관을 들이기 전이라면, 하지 않던 행동을 하는 것이기에 당연히 저항감이 생길 수밖에 없다. 나는 이것을 '판단 에너지'라고 부른다. 새로운 것은 저항을 받기 마련이고, 즐거움을 느끼기 어려울 수도 있다. 그래서 내 안의 에너지를 더 쓴다. 그러나 프로젝트는 강제성이 있기 때문에 이런 판단 에너지를 줄일 수 있으며, 습관이 되기 전 난이도를 정해주는 역할까지 수행한다. 처음부터 당연하게 습관이 되겠거니 생각하기보다는 프로젝트를 통해 자신만의 시스템을 만든 뒤 습관화해보자.

습관으로 정착해도 프로젝트를 해야 할까?

'습관으로 정착되면 더이상 프로젝트는 필요하지 않은 것 아닌가요?'라고 물을 수도 있겠다. 나는 그렇더라도 이어나가는 것을 추천한다. 좋은 습관은 가지기 힘들 뿐더러 조금만 방심해도 관성의 힘으로 예전으로 돌아가기 십상이다. 아무리 좋아하던 일도 다른 흥미 분야가 생기면 순식간에 중심을 잃는다. 집중하는 일이 쉽지 않다는 걸, 한눈 팔기 쉽다는 걸 우리는 이미 잘 알지 않나. 그러니 기록을 계속 이어나가자. 습관이 되더라도, 기록을 놓는 순간 우리는 감정에 휘둘린다. 반복해서 말하지만 그러면 잘하고 있는지 괜찮은지 알기 힘들다.

그러니 프로젝트를 통해 계속 하자. 나는 여러 개의 프로젝트들을 하지만 부담스럽거나 특별한 일을 한다고 여기지는 않는다. 마치 새로운 게임을 휴대폰에 깔듯이 재미있게 한다. 그리고 나 자신이 성장했는지를 느낀다. 여러분도 습관을 만드는 것을 넘어 일상을 즐겁고 다채롭게 만드는 방편으로서 프로젝트를 활용하면 좋겠다.

프로젝트를 꾸준히 하는 방법
초급자 편

① 완수하는 것을 목표로 하자

만약 처음 시작했다면, 한 번 사이클을 도는 것에 의의를 두자. 적당한 프로젝트를 찾아 시도해보고, 혼자 끝을 내는 데 집중하자. 초급자에게 가장 중요한 건 그만두지 않는 법을 배우는 것이다. 우리의 목적은 작심삼일이 아니다. 아주 사소한 것이라도 좋다. 예를 들어 '아침에 일어나 레몬 물 한 잔 마시기' '아침에 침구 정리하기' '하루 한 줄 일기' 등 무엇이든 좋다. 기꺼이 할 수 있는 일을 고르자. 사소하더라도, 재미있고 활력을 느낄 만한 일이 좋다.

② 적당한 수준을 찾자

오늘의 내가 할 만한 '수준'을 찾자. 목표를 너무 쉽게 설정하기보다는 그래도 의지력 50퍼센트는 발휘할 수 있는 정도로 만들자. 그리고 설정한 목표보다 더 할 수 있어도 멈추자. 지금 컨디션이 좋으니까 더 하고, 안 좋을 때 못하는 일이 반복되면 어떨까? 하기 싫을 때 스스로에게 변명하게 된다. '예전에 충분히 열심히 한 적이 있으니, 오늘은 하지 말자.' '내일 더 컨디션이 좋을 것 같으니 그때 더 열심히 하지 뭐.'

프로젝트에서는 오늘의 행동만 평가하는 게 중요하다. 과거의 나와 미래의 나에게 힘을 빌려서는 안 된다. 컨디션이 좋든 나쁘든 꾸준히 하는 법을 터득해야 한다. 그러다 보면 내 감정까지 컨트롤하는 법을 자연스레 배우게 될 것이다.

③ 함께 할 사람을 찾아보자

프로젝트를 다른 사람과 함께 하면 그만두지 못하게 하는 장치가 하나 더 생긴다. 앞서 분명 나만의 프로젝트를 만드는 것이 중요하다고 주장했다. 하지만, 어딘가에 찾아보면 내가 원하는 일들을 이미 하는 모임이 있다는 것을 알게 될 것이다. 인터넷에는 각종 루틴을 함께하는 커뮤니티가 많다. 앱으로 모여서 사진으로 인증할 수도 있고, 단체 채팅방에서 서로 동기부여 해줄 수도 있다. 프로젝트 중간에 온라인으로 만나 다른 사람의 이야기를 들어볼 수도 있다.

나 역시 처음 새벽 기상을 시도해본 건 책을 통해서였지만, 루틴으로 정착시킨 건 한 달간 자기계발 강의를 듣고 나서였다. 한 달 동안 조원들과 새벽 5시에 다같이 일어나, 매일 새벽에 메신저로 그날의 인증을 했다. 매일같이 올라오는 인증 사진에, 나도 빠지지 말자는 마음이 일었다. 강의는 한 달이 지나서 끝났지만 그 이후에도 인증은 거의 2년 가까이 지속되었다. 혼자 하기 두려운 프로젝트가 있다면, 찾아보자. 생각외로 쉽게 찾을 수 있을 것이다.

④ 사람들에게 공개하자

자신이 프로젝트를 시작한다는 것을 개인 SNS에 알려보자. 두렵다는 건 잘 안다. 다른 사람의 시선을 의식하지 않기란 쉽지 않다. 실패하면 나를 안 좋게 여길 것 같고, 또 그런 모습이 창피할 수도 있다.

그러나 이 점을 역으로 이용해볼 수도 있다. 내가 시작을 한 것을 다른 사람이 알고 있다고 여기면, 외부 압력이 적당히 유지되어서 그만두기 어렵다. 그러니 조금만 용기를 내어 프로젝트를 시작한다고 알려보자. 실패할까봐 두렵다고? 그만큼 이 악물고 성공하면 된다. 나는 중요한 프로젝트(반드시 해야 하는 프로젝트)는 여전히 블로그에 시작한다고 알린다. 그리고 달성하고 나면 반드시 후기를 올린다. 당연히 처음에는 쉽지 않았다. 용기가 필요했다. '독서 나이 프로젝트'를 하겠다고 선언하는 글을 올릴 때는 등에서 식은땀이 났다. 하지만 3년이 지난 지금까지 이 프로젝트를 꾸준히 이어가고 있자니, 어느 순간 사람들은 이것이 나의 시그니처라고 여기기도 한다.

내가 시작하기 위해서 한 일이지만, 다른 이들로부터 '해보고 싶다' '도움이 되었다'는 댓글을 받을 때면 예상치 못한 기쁨을 얻기도 하므로, 사람들에게 공개해보길 추천한다.

프로젝트를 꾸준히 하는 방법
중급자 편

① 결과 중심 프로젝트에 도전하자

중급자가 되었다면 프로젝트 한두 개는 시도해보았을 것이다. 100일 프로젝트를 완주하면서 얻은 성과에 벅차올랐을 수도 있겠다. 그럼 이번에는 결과 중심 프로젝트에 도전해보자.

100일 프로젝트의 목적은 완주와 습관이다. 그러나 인생에는 단기간 성취해야 할 목표도 있다. 내 경우 단기간 집중해서 글을 써야 할 때가 있다. 이런 경우에는 개별적인 프로젝트를 하나 만들어서 진행한다. 100일 프로젝트와 같이 하되, 성과에 집중하는 것이다. 프로젝트를 몇 개 멈추기도 한다. 이때는 아마 여유가 없을 것이므로 다른 일은 추가로 벌이지 않는다.

단기 프로젝트의 가장 좋은 점은 성과가 눈에 보인다는 점이다. 우리는 자신이 더 나아진다는 느낌을 받을 때 더 긍정적이고 강해진다. 이런 기분을 느낄 수 있는 일도 찾아보자. 처음에는 어렵더라도 프로젝트를 하다 보면 자연스럽게 해보고 싶은 일이 생길 것이다. 그때 진행해도 충분하다. 인생에는 몰입할 최적의 환경을 만들어놓고 성과를 달성해보는 경험도 필요하므로 단기 프로젝트도 구상해보자.

② 프로젝트 개선 방법을 연구하자

어느 정도 프로젝트를 해봤다면 나에게 어떤 게 잘 맞고 어느 때 힘든지 잘 알게 된다. 즉, 자신에 대한 데이터가 더 쌓이게 된다. 그렇다면 그런 내용을 이용해서 다음 프로젝트를 더 잘할 방법을 연구해보자. 예를 들어 나는 글쓰기 프로젝트는 오직 아침 시간만 활용한다. 아침, 점심, 저녁 등 여러 시간대에 글을 써봤지만 가장 효과적이고 집중이 잘되는 시간은 아침이었다.

또 예전에 단편소설을 쓸 때는 하루 4000자를 쓰기로 했는데, 그렇게 쓰고 나니 다음 날 진이 빠져서 계속 이어가지 못했다. 그래서 다음 단기 프로젝트 때는 2000자씩 8일간 쓰기로 했다. 분량을 줄이니 계속 이어나갈 수 있었고, 결과적으로 더 좋은 소설을 쓸 수 있었다. 프로젝트로 쌓인 나만의 정보를 기록하자. 그리고 이를 활용하여 프로젝트를 조정하자. 처음에는 다른 사람의 옷을 잠시 빌려 입었다면, 이제는 나에게 딱 맞는 옷을 만들 차례다.

③ 나의 과거 프로젝트와 경쟁하자

프로젝트를 하나 성공했다면, 그다음 프로젝트는 지난번보다 더 나아진 형태로 진행되어야 한다. 운동으로 치면, 중량을 올려야 한다. 나의 독서 프로젝트의 경우 한 번 끝날 때마다 다음 목표 독서량이 한 권씩 늘어난다. 처음에는 31권에서 시작했는데, 지금은 한 번 프로젝트를 시작하고 마치려면 43권을 읽어야 한다. 그러나 딱히 부담이 되지는 않는다. 첫째로 기존의 경험에 근거한 해낼 수 있다는 자신감이 있고, 둘째로 이미 내 몸이 단련되어 있기 때문이다.

그 누구도 아닌 나 자신과 경쟁하자. 다른 사람의 목표를 따라 프로젝트를 시작했다면, 분명 비교하게 될 것이다. 저 사람처럼 하고 싶다는 동기를 가지게 만드는 사람들은 어느 정도 자신을 단련한 상태다. 그러나 시작점이 다른데 어떻게 똑같을 수 있겠는가? 나는 누군가의 성과에 질투심이 생기면, 얼마나 긴 기간을 저렇게 보냈을지 그들이 보냈을 세월을 떠올려본다. 분명 쉽지 않았으리라는 데까지 생각이 미치면 자연스럽게 시선은 나에게 간다. 내가 할 수 있는 것은 지금 최선을 다하는 것뿐이라고, 그리고 결국 경쟁해야 할 사람은 다른 사람이 아닌 나 자신이라고 스스로 인식할 수 있다.

프로젝트를 끝내고 충분히 효과가 있었다면, 과거의 프로젝트를 이길 만한 다음 프로젝트를 시작하자. 분명 예전보다 더 나은 방향으로 나아갈 수 있을 것이다.

④ 자신의 프로젝트 노하우를 전수하자

만약 프로젝트를 성공하고 요령을 알게 되었다면 자신의 노하우를 다른 사람에게 공개해보자. 아주 단순한 팁이라도 해보지 않은 사람들은 모른다. 그러니 시간을 들여서 해본 일은 충분히 공개할 가치가 있다. 내 경험이 다른 사람에게 도움이 된다는 사실을 알면 보람과 기쁨을 느낀다. 또

> 내 경험이 다른 사람에게 도움이 된다는 사실을 알게 되면 보람과 기쁨을 느낀다.

한 내 노하우를 정리하는 과정에서 미처 인식하지 못했던 부분까지 더 생각하게 된다. 그러니 자기 자신을 위한 공부도 되는 셈이다. 노하우를 알려준다고 해서 내가 손해 보는 것은 아무것도 없다. 오히려 이익이 되는 일이니, 자신의 성과와 노하우를 공개하자.

#19 결과 중심 프로젝트 만들어보기

✦ 단기적으로 계획을 세워 꼭 해내고 싶은 과업이 있나요? 생각나는 것들을 적어보세요.

✦ 그중 가장 하고 싶은 것을 골라 빈칸을 채워보세요.

✧ 프로젝트명:

✧ 내용:

✧ 기간:

✧ 필요한 예산:

✧ 매일매일 필요한 시간:

✧ 시간을 어떻게 확보할까?:

✧ 미리 해두어야 할 일들은 없는가?:

어떤 사람이 나에게 메일을 보내온 적이 있다. 읽어보니 원하는 일을 프로젝트로 꾸리기 위해 어떻게 하면 좋을지 고민이라는 것이다. 분명 원하는 일을 찾은 것 같았는데, 너무 많은 시간을 다양하게 쏟고 있는 것처럼 보였다. 그러나 그분은 "제가 의지가 없는 편이라"라는 말만 반복했다. 자신의 의지가 여전히 문제라고 괴로워하는 것이다.

다시 한번 강조하지만 너무 많은 일을 하고 있다면 힘이 빠지고 아무것도 하기 싫은 게 당연하다. 우리에게 하루에 쓸 수 있는 에너지는 한정되어 있다. 매일 식사와 수면으로 내일을 살아갈 힘을 보충한다. 에너지는 우리의 중요한 요소다. 에너지가 떨어지면 쉽게 유혹에 빠진다. 점심에는 괜찮다가 저녁에 폭식을 하거나 늘어지며 시간을 보내는 것도 에너지를 다 썼기 때문이다. 이는 자연스러운 현상이다. 정신력만으로 버텨낼 수 있을 리가 없다. 그런데 우리는 자신의 의지력을 탓하는 데 일등이다.

시도하는 과정에서 실패할 수도 있고 성공할 수도 있다. 해보지 않고 얻을 수 있는 결과는 전혀 없다. 시도 자체가 변화다. 변화가 꼭 성취를 뜻하지는 않는다. 하지만 변화가 있어야 성장한다. 마음을 먹는 것도 변화이고 행동하는 것도 변화이다.

우리는 초능력자가 아니다. 자책하지 말자. 힘들면 지치고 늘어지는 게 당연하다. 항상 좋은 컨디션을 유지하는 것은 쉽지 않다. 아직 시작 단계 아닌가. 오랜 기간 해야 하는 일은 리듬을 만드는 게 중요하다. 하지만 그 리듬이 깨졌다고, 내가 앞서 해왔던 모든 것이 무너지는 건 아니다. 그럴 때는 다시 재정비하고 길게 호흡을 내쉬어보자. 우리의 목표는 완성이 아니라 완주다. 컨디션이 떨어질 때도 할 수 있는 프로젝트를 만들자. 실패를 계산에 넣고 짜야 한다.

프로젝트를 구성할 때 중요한 건 '할 만할 정도'가 되어야 한다는 것이다. 힘이 든다면 프로젝트를 수정하자. 목표치를 조정해도 되고 기간을 더 늘려도 된다. 처음 정한 것들은 고

정 값이 아니다. 초점을 맞추듯 나에게 더 최적화해야 한다. 이것은 남을 위한 일이 아니니까! 중요한 것은 그 프로젝트를 진행하고 있다는 사실이다. 속도에 집착하지 말자. 이는 오로지 나 자신을 위한 과정이다.

07

여전히 두려운 당신에게

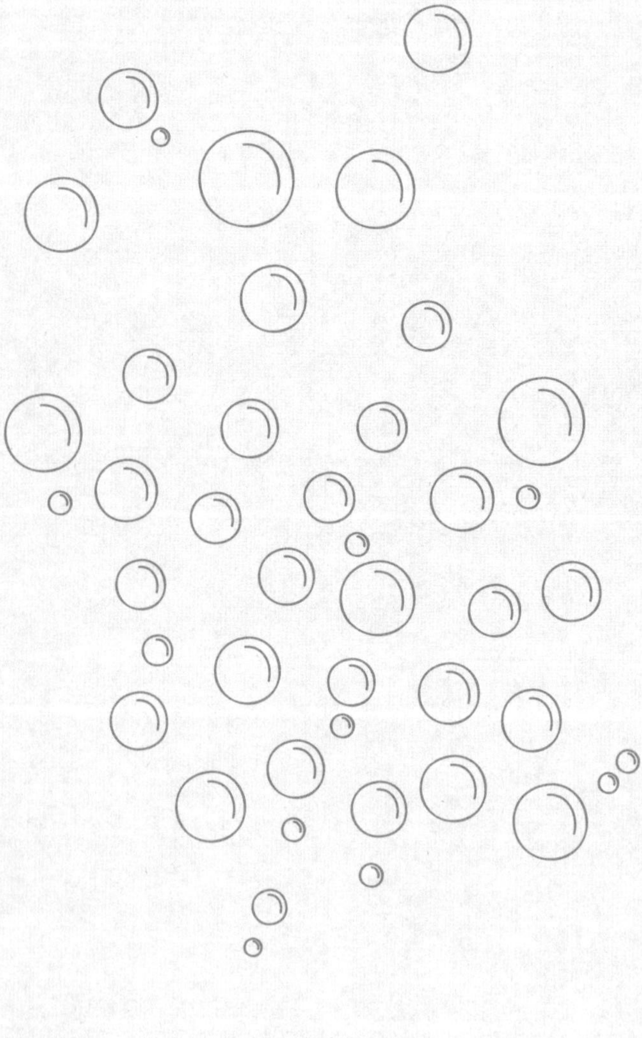

지루함과 사랑에 빠지자

지금까지 어떻게 일상을 즐겁게 채울 수 있을까를 이야기해 왔다. 생각은 간단하다. 그러나 이것만으로는 부족하다. 실행이 남아 있기 때문이다. 사소한 일이라도 아무것도 하지 않는 것보단 하는 게 낫다. 하루 이틀쯤 내 100퍼센트를 쏟아서 완벽하게 보내고 포기하는 것보다 조금은 부족하더라도 그 일을 이루어내는 게 좋다.

여러 번 반복하는 말이지만 목표는 처음부터 크게 잡지 않아도 된다. 모든 사람들이 큰 목표를 가졌기 때문에 성공했을 거라고 생각하진 않는다. 고흐가 후세에도 자신의 그림을 남기고 싶다는 목표를 가지고 그림을 그렸을까? 오히려 매순간 작업에 집중하고 실력을 단계적으로 쌓다 보니 천재성을 발휘할 수 있었던 것 아닐까? 작은 행동이 모여 큰 행동이 되고, 작은 성공이 모여 큰 성공이 된다.

사람은 이성적이지만은 않아서, 가끔은 유혹 앞에 쉽게 무너지기도 한다. '내가 왜 이러지?' 싶은 때도 종종 있지 않은가. 성장은 쉽지 않다. 평생 해왔던 관성이 변화를 어렵게 만든다. 생각이 간단하다고 실행이 쉬운 건 아니다. 다만 실행이 쉽지 않다는 이유가 못할 이유가 되지는 않는다. 가끔은 힘들게 한 걸음 올라서야 하는 법이다. 나를 위해서 순간의 즐거움을 포기하는 법도 배워야 한다. 이를 악물고 한 걸음 나아가야 할 때도 있다.

설렘이 지나가면
찾아오는 것

"이걸 평생 반복해야 할 걸 생각하니 지루해요."

새로운 것을 시작하려고 마음먹는 건 언제나 가슴 뛰고 흥분된다. 누군가에게 자극을 받아 동기부여 된 상태라면 더더욱 그렇다. 하지만 시간이 지나면 설렘은 가고 지루함과 부딪힌다. 시간이 흐를수록 성과도 점점 더 보이지 않는다. 그 기간을 견디기가 점점 어렵게 느껴진다.

자기계발 분야의 세계적인 권위자인 브라이언 트레이시는 1회 강연료로 10억을 받는다고 한다. 그는 저서《잠들어 있는 성공 시스템을 깨워라》에서 세일즈맨이었던 자신이 성공할 수 있었던 이유를 아래와 같이 설명했다.

나는 책을 읽을수록
성공은 재능만으로
되는 것이 아니라는
사실을 알게 되었다.
오히려 특별한
능력이나 재능보다
노력이 미치는 범위가
훨씬 더 많음을
깨달았다.

1. 책을 많이 읽었다.

2. 그 분야의 성공한 사람을 만나서 그들의 습관을 철저히 배웠다.

단순하다. 단순하다고 해서 쉬운 일은 아니다. 나는 위대한 업적을 이룬 사람들은 특별한 비법이 있다고 생각했다. 천성적으로 남들과 다른 재능이나 능력이 있어서, 가지지 못한 어떤 것을 가졌기에, 또는 남들이 모르는 비밀을 알아서 성공했다고 여겼다. 그럴 수도 있다. 재능 때문일 수도 있다. 하지만 나는 책을 읽을수록 성공은 재능만으로 되는 것이 아니라는 사실을 알게 되었다. 오히려 특별한 능력이나 재능보다 노력이 미치는 범위가 훨씬 더 많음을 깨달았다.

타인에게는 그들이 내놓은 결과만 보일 뿐 과정은 잘 보이지 않는다. 지루하고 똑같은 것들의 반복이기 때문이다. 영화에서도 주인공의 드라마틱한 변화 과정을 '3년 뒤'라는 짧은 자막으로 대체한다. 그 3년 안에 있는 치열한 반복을 보여주지 않는다. 포기하지 않고 될 때까지 계속 하는 것, 그것이 성공의 비결인지도 모른다. 매일 글을 쓰는 것, 작은 돈을 모으는 것 등등. 이런 게 하나하나 모이지 않고 큰 성공이 갑자기 툭 하고 튀어나올 수 있는 걸까?

인간이 다른 동물보다 뛰어난 점은 오래 달릴 수 있다는 것이다. 인간보다 더 근력이 뛰어나고 속도가 빠른 동물도 있지만 인간처럼 몇 시간씩 달릴 수 있는 종은 많지 않다고 한다. 그렇다. 우리는 오래 달릴 수 있다.

> 놀라운 변화는 한순간
> 일어나는 것이 아니라,
> 하나에 집중하고
> 그것을 계속 추구하는
> 과정에서 생긴다.

앞으로 나아가려면 천천히

지속적으로 똑같은 행위를 반복해야 한다. 멈추지 않고, 묵묵하게. 놀라운 변화는 한순간 일어나는 것이 아니라, 하나에 집중하고 그것을 계속 추구하는 과정에서 생긴다.

제프 콜빈의 저서《재능은 어떻게 단련되는가?》에서는 천재라고 불린 이들은 오랫동안 '신중하게 계획된 연습'을 했다고 강조한다. 그리고 뛰어난 성과란 성과를 향상시킬 목적으로 설계된 연습을 통해 생기는 것이며 '지름길은 없다'고 말한다. 성공한 사람은 포기하지 않는 사람이다.

지루함을 견디는
꾸준함의 힘

그러니 당장 필요한 건 새로운 것이 아니다. 지루함조차 견딜 수 있는 나만의 프로젝트를 계속 하는 일이다. 호흡을 조절하고, 무리하지 않는 선에서 달려보자. 늦었다고 전속력으로 달리다간 금방 지친다. 100퍼센트 모든 것을 쏟아내는 것만이 열정이 아니며, 모든 것을 쏟아내지 않더라도 끈기 있게 해내는 것이 진짜 열정이다. 속도를 조절할 수 있는 자만이 오래 달릴 수 있다.

꾸준히 달리고 있음에도 그다지 변화하지 않는 시기도 있을 것이다. 그러나 느끼지 못하는 사이에도 우리는 한층 더 성장해 있곤 한다. 자신이 정한 목표와 피드백을 믿자. 중요한 것은 성공할 수 있다는 믿음과 신념으로 밀고 나가는 행동력이다.

처음부터 '이건 내가 정말 원했던 일이었어'라는 깨달음을 얻기는 힘들다. 오히려 버거운 일, 나와는 상관없는 일이라고 느낄 수도 있다. 꾸준히 해보지 않으면 모른다. 별로라고 느끼던 일이 생각보다 더 좋을 수 있다. 시간을 들여야 한다. 시간을 들인 만큼 답을 얻을 수 있다. 작은 습관 하나를 만드는 데도 30일에서 100일 가량 시간이 걸린다. 실제로 우리 뇌 속에 똑같은 행동을 반복해도 괜찮을 정도의 무의식이 쌓이기까지 3주가 걸린다고도 한다. 지루함을 버틸 수 있는 끈

시간을 들인 만큼 답을 얻을 수 있다. 작은 습관 하나를 만드는 데도 30일에서 100일 가량 시간이 걸린다. 실제로 우리 뇌 속에 똑같은 행동을 반복해도 괜찮을 정도의 무의식이 쌓이기까지 3주가 걸린다고도 한다.

기가 필요하다. 걱정하지 않아도 괜찮은 점은, 그 시간이 지나가면 느낀 대로 결정하면 된다는 것이다. 내가 진정으로 좋아한다고 인식한 뒤에는 자연스럽게 삶에 녹아들어간다.

무엇이든 임계점이 있다. 물이 100도를 넘는 순간 끓듯이 우리에게도 임계점을 넘는 순간이 올 것이다. 그 순간이 올 때까지는 지루하더라도 견디는 수밖에 없다. 지루함을 견뎌보자.

힘들 때 보세요 6

의지력은 에너지다. 인간의 에너지 원천은 수면이다. 잠을 안 자고 시간을 만들려고 하면 피로만 쌓인다. 예전에 나는 평일에는 잠이 부족해서 비실비실하게 보내다가 주말 오후 두시까지 몰아 잠을 잔 적이 많았다. 자고 일어나면 머리가 띵해져 기분도 좋지 않았다. 부족한 잠을 몰아 잤지만, 피로감이 완전히 사라지지 않았다.

몰아서 자면 에너지를 효과적으로 쓸 수 없다는 것을 알게 된 뒤, 나는 매일 같은 시간에 잠을 자려고 신경 쓴다. 평일에도 주말에도 취침 시간과 기상 시간은 똑같다. 만약 일이 있어 늦게 잤다면, 무리해서 일찍 일어나지 않는다. 무리해서 일어나더라도 분명 그날 일과에 영향을 끼치고 충분한 수면을 취하려고 할 것이기 때문이다.

여러 연구들이 밝혀냈듯 수면 부족은 심각한 부작용을 초래한다. 의지력이 필요할 때, 내 몸과 마음이 내 뜻대로 잘 움직여지지 않을 때, 내가 요즘 어떻게 자고 있는지 점검하자. 의지력을 키우는 데서 가장 중요한 것은 수면이다. 우선 잠을 잘 자야 한다.

실패와 두려움 이겨내기

살면서 나를 가장 방해하는 것은 무엇일까?

살다 보면 일이 잘 안 될 때가 있다. 실패했다는 느낌이 들 때도 있다. 그 실패로 자책을 하고, 다시 시작해야 한다는 부담과 두려움을 느낀다. 더 나아갈 수 없다는 막막함과 아무것도 할 수 없다는 무력감이 삶에 무게를 더한다. 실패하고 싶지 않아 멈춰 설 때도 있다. '해봤자 실패할 건데 아무것도 안 하는 게 안전하지 않을까?' 하는 생각도 든다. 알면서도 도전하지 않을 때도 있다. 지금은 바쁘니 나중에 한가하면, 완벽해지면, 실패를 더 줄이고 시작하는 게 안전하다고 나를 속인다. 실패는 두렵고 도전은 무섭다. 분명 나도 그랬다.

내게도 인생의 큰 벽을 만나는 시기가 있었다. 학생의 마지막 자격을 평가하는 대학 입학시험, 그리고 내가 돈을 벌 수 있는지 평가하는 취업 준비. 평가의 시간, 아니 현실에 부딪히는 시간이었다. 내가 가진 능력이 무엇인지 꺼내 증명해야 하니 무섭고 두려웠다. 나는 크고 작은 실패를 맛보았고 두려움이 커질 때는 현실도피도 했다. 현실을 마주치고 싶지 않은 마음이었다.

첫 번째 실패는 대학 입시 때다. 중학교 때 그저그런 성적이었다가 고등학교 때 정신을 차렸다. 입학한 고등학교는 학구열이 높은 곳이기도 해서 나도 열심히 공부했다. 잠을 줄였고 할 수 있는 최선을 다하려고 했다. 하지만 남들이 착실히 보낸 시기를 3년 동안 단거리 전력 질주로 따라잡기에는 역부족이었다. 결국 수능 6개월을 남겨두고 페이스가 무너지기 시작했다. 원하던 대학교에는 결국 떨어졌고 담임선생님이 안전하다고 했던 곳에 붙었다. 무조건 열심히 하면 될 줄 알았는데 그 '무조건'이 모든 것을 해결해주진 못했다.

두 번째 실패는 취업을 하면서 겪었다. 취업 준비를 교환학생으로 간 일본에서 시작했다. 동기는 단순했는데, 같은 세미나를 듣는 친구들이 취업 준비를 시작해서였다. 우리나라와 조금 다른 점이 일본은 3학년이 되면 거의 동시에 취업 준비를 하고, 거의 비슷한 시기에 합격 통지를 받는다. 외국인에다 심지어 교환학생이었지만 우선은 뛰어들었다. 친구들을 따라 손으로 이력서를 쓰고, 취업 정장 세트를 맞췄다. 방 중앙에 놓은 의자에 앉아 벽을 보며 면접 연습을 했다. A4 용지에 빼곡히 내가 무엇을 잘하는지 써두기도 했다. 나는 보기 좋게 떨어졌다. 면접장에서는 떨리는 목소리로 간신히 몇 마디를 할 수 있을 따름이었다. 심한 자괴감에 빠져들었다. 난 뭘 할 수 있는 사람이지? 결국 한 군데도 취업을 하지 못하고 한국으로 돌아왔다.

우리는 해야 할 이유가 100가지 있더라도 한 가지 이유 때문에 할 수 없다. 바로 두려움. 그것 때문에 할 수 없는 이유를 찾고 자기를 합리화한다. 마음속으로는 알고 있다. 그게 이유가 될 수는 없다는 것을.

> 우리는 해야 할 이유가 100가지가 있더라도 한 가지 이유 때문에 할 수 없다. 바로 두려움.

한 번 실수를 하면 모든 게 물거품이 되는 걸까? 100이 아니면 0일까? 아니다. 성공과 실패는 하나의 의견이고 판단이다. 성공하기 위해서는 실패를 적게 해야 하는 게 아니다. 실패에서 멈추느냐 아니냐가 중요하다. 행동을 하면 무언가는 남는다. 계속 누적되고 쌓인다. 블록 쌓기 같다. 가끔 인생에서 실패라고 부르는 것이 기회의 일면일 수도 있다.

소설가 무라카미 하루키는 데뷔를 하고 문단에서 가혹한 평가를 받았다고 한다. 팬들은 환호했지만, 이걸 소설이라고 할 수 없다며 논란까지 됐다. 심지어 외국 문학 작품을 모방한 것뿐이라는 평도 있었다. 어떻게 보면 문단에서 인정 받는데 실패한 것처럼 보인다. 그래서 무라카미 하루키는 미국으로 떠나 거기서 작품 활동을 시작했다. 그 사건이 지금의 세계적인 소설가 무라카미 하루키의 바탕이 되었다.

나는 원하는 대학에 붙지 못했고, 첫 취업 시즌에선 떨어졌다. 중대한 첫 관문에서는 멋지게 해내지 못했고 실패감을 맛보았다. 실패했을 때마다 당연히 고통스러웠고 출구를 쉽게 찾지 못했다. 또 실패할까 두려웠다. 나를 한 걸음도 나아가지 못하게 만들었다.

성공기와 성장기

그러나 대학 입시에서 원하는 대학은 가지 못했지만, 노력마저 헛되다고 생각하지 않는다. 노력했던 그때의 나를 생각하며, 끈기가 있다는 점을 지금도 자랑스럽게 생각한다. 전력 질주를 하면 안 된다는 교훈 또한 배웠다. 일본에서의 첫 취업 준비는 실패했지만 한국에 돌아와 스물네 살에 외국계 기업에 취업했다. 일본 취업 실패는 뼈아픈 경험이었지만 그런 부침이 있었기에 취업 준비가 더 수월했다. 나는 이런 과정에서 몇 가지 좋은 점도 배웠다.

첫째, 나를 객관적으로 알 수 있다. 고난을 겪으면 내가 무엇이 부족한지를 다시 한번 들여다볼 수 있다. 접근 방법이 잘못된 건지 태도가 잘못된 건지 구체적으로 고민해보고 생각하는 것이다. 오히려 쉽게 성공했을 땐 내가 왜 성공했는지에 대한 답을 얻지 못하는 경우가 많다. 실패를 하면 할수록 피드백이 쌓이고 그 피드백으로 나를 객관적으로 바라보고 고칠 수 있는 기회를 만들 수 있다.

둘째, 시야가 넓어진다. 주변을 다시 바라볼 기회가 된다. 내가 부족해서였을 수도 있지만 환경이 적합하지 않아서일 수도 있다. 상황을 바꿔 새로운 상황으로 뛰어들 생각도 한다. 실패는 그 상황을 다시 보게 만드는 힘이 있다.

셋째, 시련을 이겨낼 힘을 기를 수 있다. 실패는 삶의 경험치를 쌓아준다. 기타를 연주할 때마다 굳은살이 생기듯 인생에도 굳은살이 생긴다. 시련은 우리를 더 단단하게 해준다. 실패가 애초에 없었더라면 우리는 성장할 수 없었을 것이다.

《20대를 무난하게 살지 마라》의 저자 나가마쓰 시게히사는 그의 저서에서 "인생의 모든 때는 성장기와 성공기이다"라고 말했다. 오르막길과 내리막길 같은 삶의 리듬이 있는데, 그때마다 '좋다' '나쁘다'로 구분하기 때문에 절망과 좌절감이 생긴다고 한다. 그런데 좋을 때는 '성공기' 나쁠 때는 '성장기'라고 생각하면 어떻게 될까? 성장기에는 자신의 실력을 가꾸고 탄탄하게 만들 시기라고 여기면 된다. 성공기에는 자신의 삶을 긍정하고, 하루하루를 소중히 여기면 된다. 그는 인생에 나쁜 시기란 없다고 주장한다.

나는 앞으로도 많은 실패를 경험할 것이다. 그 실패들이 나를 고통스럽게 만들 것도 안다. 하지만 나아가는 자양분으로 생각하기로 했다. 묵묵히 받아들이고 더 나은 방향으로 만들어가는 데 집중하면 된다. 실제로 돌아보면 힘들었던 시기는 나를 한층 더 성장

좋을 때는 '성공기'
나쁠 때는 '성장기'라고
생각하면 어떻게 될까?

시키기 위한 준비 기간처럼 느껴지기도 한다. 무조건 인생에서 좋은 일이 가득하길 바라기보다 내가 어떤 상태인지 구분하고 이렇게 생각해보는 건 어떨까?

"지금은 성장기니까 한층 더 힘을 내자."

"지금은 성공기니까 하루하루를 더 소중히 여기자."

사람은 살면서 속도를 늦추어야 하기도 하고 실수도 한다. 그 실수를 깨달으며 나도 모르는 사이에 천천히 앞으로 나아가게 된다.

> "실패라는 것은 착각이다. 무언가를 끝내 실패하는 사람은 없다. 인간이 하는 모든 일은 결과를 낳는다. 실패는 판단이다. 하나의 의견일 뿐이다."
>
> _ 웨인 W. 다이어 박사

나는 단단하게 살기로 했다

여행을 떠나면 카운터에서 짐을 부칠 때 볼 수 있는 것이 있다. 바로 '파손 주의' 스티커다. 흔히 깨지기 쉬운 것은 파손 주의 표시를 한다. 깨지면 원상 복구를 하기 어렵기 때문에 세심하게 다루어야 한다. 특히 움직일 때 잘 신경 써야 한다. 깨지기 쉬운 것은 물건만이 아니다. 사람의 마음 역시 깨지기 쉽다.

사람의 감정은 시시때때로 변한다. 기분이 좋았다가 무료해지기도 하고 행복 사이사이에 불안감도 자꾸 끼어든다. 어느 때는 하루가 엉망인 것 같기도 하고, 아무것도 잘하지 못할 것이라는 무력감마저 들 때도 있다. 또 어느 때는 자신감에 가득 차 세상이 내 위주로 돌아가는 것 같다. 나 자신이 정확한 이유를 모를 때조차 이런 감정을 느낀다.

주변의 말과 행동에도 쉽게 반응하며 자극에 취약하다. 이유 없는 미래에 대한 불안감 역시 마음을 흔들기에 충분하다. 그래서 나은 삶을 살려고 시도하지 못한다. 쉽게 변하지 못한다. 누군가가 비난할까 무섭고, 실패할까 두렵다. 그렇지만 지금 이 상태가 지속되는 것 역시 두렵다. 이 시간이 영원히 끝나지 않을 것 같은 생각마저 든다. 마음이 깨지는 기간이 길어지면 우울감도 찾아온다. 괜찮은 척해도 괜찮지가 않다. 흘려보내면 나아지는 듯하지만 결국 똑같은 스트레스가 반복된다. 모든 상황을 회피하고 싶어진다.

변화에는 실패가 따른다. 하지만 정작 실패 그 자체보다 실패하게 될지도 모른다는 두려움이 날 더 힘들게 한다. 실패로 수치를 느끼고, 손해를 과장해 생각하고, 아무 관련 없는 이에게도 영향을 미칠 거라고 생각한다. 정작 주변에선 별 생각 없는데 나 혼자만 걱정하는 일이 한둘이 아니다. 기억하자. 두려움은 피한다고 피해지는 것이 아니다. 지금 선택하지 않는 것도 하나의 선택이다. 미래의 나에게 선택을 미뤄두기로 선택하는 것이다.

나심 니콜라스 탈레브의 저서 《안티프래질》에서는 프래

질의 반대말을 안티프래질이라고 말한다. 벼락 맞은 나무가 더 강해지듯, 더 많은 고통을 받아서 강해지는 것을 말한다. 안티프래질은 자연현상과 같다. 보통 산불은 재앙 같지만 자연계 전체의 건강을 유지하는 데 필요한 메커니즘이라고 한다. 이 말은 사람의 마음에도 똑같이 적용되지 않을까? 사람 마음도 피하려고 할수록 더 약해지고, 견디고 극복하면 강해진다.

사람 마음도 피하려고
할수록 더 약해지고,
견디고 극복하면
강해진다.

안티프래질은 천천히 일어난다. 생각을 바꾼다는 것은 생각을 파괴하는 것이다. 기존의 생각을 지운 다음 새로 새기는 것이다. 그 과정에는 반감과 고통이 따른다. 그걸 이겨내고 견디는 사람은 변한다. 앞으로의 삶에서 불행이 올 거라는 사서 하는 걱정은 더이상 하지 않기로 하자. 힘들고 고통스러운 순간이 올 수도 있겠지만 니체의 말을 한 번 더 새겨보자.

"나를 죽이지 않는 것이, 나를 더 강하게 한다."

게을러도 괜찮아

어렸을 적 나는 숙제를 미리 제출한 적이 없었다. 숙제는 검사 전날에 허겁지겁 해치웠다. 대학생 때도 과제는 전날 밤까지 미뤄뒀다. 에너지 드링크 한 잔을 마시며 꾸역꾸역 했다. 약속 시간에 늦고 수업에 지각하는 것 또한 나의 일상이었었고, 수년간 변하지 않았다. 침대에서 꾸물대는 시간을 더 중요하게 여겼으니까. 그때마다 생각했다. '나는 천성이 게으른 거야.' '부지런할 수 없어.'

그러나 나의 일상은 예전과 많이 달라졌다. 일찍 일어나고, 일찍 잔다. 매일 아침 일어나 침대를 정리하고, 글을 쓰고, 습관을 바꾸는 목표를 세우고 지킨다. 회사 생활을 계속하면서도 생산적인 시간을 만든다. 무료하게 보내는 시간을 없앴다.

의식적으로 노력하고 있다.

하지만 여전히 게으르기도 하다. 설거지를 뒤로 미루기도 하고, 입은 옷을 대충 구석에 던져놓기도 한다. 요리하기 귀찮아 배달 음식으로 끼니를 때우기도 한다.

그렇다면 게으르다는 의미는 뭘까? 쉬운 일만 하고 싶고, 힘든 일은 하기 싫어 뒤로 미루는 것이 게으른 걸까? 그럼 부지런하다는 것은 뭘까? 일을 밀리지 않고 시간 내에 하기만 하면 부지런한 걸까? 나는 지금 부지런한 사람일까? 아니면 게으른 사람인 걸까?

문요한 작가의 《굿바이 게으름》에서는 게으름을 삶의 에너지가 저하된 상태로 정의한다. 우리는 살면서 에너지를 만드는데, 그 에너지가 낮은 상태를 게으름이라 표현하는 것이다. 저자는 게으름을 큰 게으름과 작은 게으름으로 나누어 설명한다. 작은 게으름은 삶의 주변 영역에서 에너지가 저하된 상태로, 정리정돈이나 빨래 등 일상적으로 해야 하는 일들을 미루는 것이 이에 속한다. 반대로 큰 게으름은 삶의 중심 영역에서 에너지가 저하된 상태다. 즉 더 나은 삶을 바라지 않는 것, 향상심이 없는 상태다. 미래에 대해 불안해도 어떻게든 되겠지 하며 미루는 것, 쉽게 포기하는 것 등이 포함된다.

에너지가 저하된 상태, 피곤하고 지치는 때는 누구나 있다. 그로 인해 죄책감을 크게 가지지 말자.

게을렀던 내가 일찍 일어나고 무언가를 끊임없이 하는 이유는 목표가 생겼기 때문이다. 막연한 목표가 아닌 뚜렷하고 구체적인 목표를 세웠다. 목표를 이루고 싶은 마음이 간절했고, 방향을 확인하며 계속 고치며 나아가고 있다. 책을 읽고 블로그, 네이버 카페, 브런치에도 글을 쓴다. 조금씩 고치면 된다. 앞으로 나아간다는 것이 의미 있는 것이다.

이렇게 게으름을 나눠보면 작은 게으름은 어쩔 수 없다고 생각한다. 에너지가 저하된 상태, 피곤하고 지치는 때는 누구나 있다. 그로 인해 죄책감을 크게 가지지 말자. 부지런함만이 미덕이라며 게으름을 나쁘게 생각할 필요도 없어 보인다. 우리는 무엇인가를 완벽하게 시간표대로 해내기 위해서만 태어난 존재는 아닐 것이다.

대신 큰 게으름은 인생에서 중요한 방향을 방해한다. 삶의 목표를 세워보자. 시간을 주도하는 내가 되어보자. 가슴 뛰는 삶은 그리 멀리 있지 않다. 목표를 분명히 하고 나를 긍정으로 가득 채우는 것, 그것이 시작이다. 분명 우리의 삶은 빛날 것이다.

절박함은 남이 주는 게 아니다

'간절함'이란 '마음먹기'라고 생각한다. 강렬하게 바라는 것에 집중한다는 것은 이제 이 길밖에 없다고 믿는 것이 아닐까? 원하고 갈망한다고 모든 것을 다 이루지는 못한다. 다만 그 안에서 자신의 길을 정하고 꾸준히 가면 내 길이 조금씩 넓어지고 단단해진다. 그렇게 가다 보면 자신의 일이 조금씩이라도 성취되고 있다는 믿음이 생기고, 그 믿음이 생기면 뒤를 돌아보지 않고 나아가게 된다. 그 시간이 쌓이면 변화는 생긴다.

《스몰 빅》에서 제프 헤이든은 이렇게 말한다. "스스로 얻어낸 성공은 최고의 동기부여 도구이다. 그러니 불꽃 위를 걷는 것은 잊어라. 자기 대화도 잊어라. 동기부여의 방법을 찾거나 돈으로 사려는 생각도 그만둬라. 제대로 된 루틴을 준비하자. 일주일만 그 루틴을 성실하게 수행하면 동기부여는 지속

된다."

자신이 바라는 존재가 되고 나면 더이상 동기부여가 필요하지 않다. 동기나 의지를 찾지 않아도 된다. 해야 할 일을 하면 된다.

앞으로 계속 가면 된다

앞으로 나아갈 수 없을 듯, 벽에 갇힌 느낌이 들 때가 있다. 내가 하고 있는 게 맞는지 아닌지 모를 때다. 아무도 나에게 뭐라고 하지도 않았는데 위축되고 불안하다. 노력해도 변한 건 아무것도 없지 않나 불안감에 휩싸인다. 없는 재능을 탓한다. 남들이 하고 있지 않은 일을 한다고 더 나은 삶인가 의구심이 든다.

그럴 때 나는 '나를 움직이는 한마디'라는 폴더를 연다. 책에서 본 마음을 울렸던 글과 사람들의 긍정적 피드백을 모아 둔 폴더다. 가장 좋아하는 글을 꺼내 읽어본다.

"자신이 제대로 하고 있는지 모르겠는 사람, 남들은 다 잘 아는 것 같다고 생각하는 사람에게 꼭 들려주고 싶은 이야기다. 걱정하지 마라. 남들도 잘 모른다. 모른다는 것이 핵심이다. 꼭 알지 않아도 된다. 앞으로 계속 가면 된다. 꼭 비결을 캐내고, 뭔가를 알아야만 열심히 몰입을 할 수 있는 건 아니다. 오히려 그런 방식에서 벗어나야 자연스럽게 몰입이 된다."

_ 팀 페리스, 《타이탄의 도구들》

글을 읽고 마음을 다독인다. 그렇다. 세상은 알 수 없는 것 투성이다. 내가 모르는 것이 더 많고 나 자신도 나를 잘 모른다. 완벽하게 시작할 수는 없다. 모른다는 것에 내 에너지를 낭비하지 말자. 내가 지금 바로 할 수 있는 것에 집중하자.

프로젝트를 시작해도 계획대로 되는 날만 있는 건 아니다. 나태함으로, 조급함으로 힘든 날도 있다. 이렇게 잘 안 되는데 괜히 했나 싶은 때도 있을 것이다. 나 역시 그랬다. 매번 프로젝트를 완주한 것도 아니고, 완주했더라도 '완벽하게'

완벽하게 시작할 수는 없다. 모른다는 것에 내 에너지를 낭비하지 말자. 내가 지금 바로 할 수 있는 것에 집중하자.

달성했다 자평할 수가 없다. 하지만 나는 계속 프로젝트를 만들었고, 그걸로 자신감을 얻었으며 더 나아진 삶을 살고 있다고 진심으로 느낀다. 그러니 그걸로 인해 스트레스를 받을 필요가 없다는 걸 안다. 프로젝트를 시작하지 않은 과거의 나보다 지금의 나 자신이 훨씬 괜찮은 존재라는 걸 안다.

내가 할 수 있는 것들로 눈을 돌린다. 아침에 일어나서 책을 읽는 것, 블로그에 글을 쓰는 것, 브런치에 글을 쓰는 것, 새로운 수업을 듣고 새로운 사람들과 교류하는 것, 주변 사람에게 감사를 전하는 것, 마음 상하게 하는 일을 냉정하게 바라보는 것. 다 내가 할 수 있는 행동이다. 안 좋은 감정을 완전히 없애는 것은 불가능하다. 사람의 감정은 쉽게 제어할 수 있는 것도 아닐 뿐더러, 그 감정에 집중하면 할수록 얽매이기 때문이다. 인정하고 태도를 바로 세우고 할 수 있는 것을 하자.

무언가를 다짐하고 이루려고 하는 과정에서 가장 중요한 것은 열정이 아닌 꾸준함이다. 동기란 신기루 같은 것이어서 시작의 연료는 될 수 있어도 끝까지 가지 못한다. 오히려 시작한 뒤 열정이 생기는 경우가 많다고 한다. 우리는 열정과 동기부여가 없으면, 힘이 나지 않으면 움직이지 않으려 한다. 이는 보호본능일지도 모른다. 안전이야말로 생존의 제1원칙 계속 나아가자.
성공하는 이는 특별한
기회를 얻은 것이
아니라 신속하게
시작하고 꾸준하게
반복하는 가운데
기회가 끼어든 것이다.

이니까. 하지만 안전하게 산다고 더 행복하다는 증거는 없다. 모험을 한다고 해서 삶이 더 불행한 것도 아니다. 실패를 한다고 해서 더 안 좋은 인생이 아니다.

나는 여전히 크고 작은 실수를 한다. 때로는 뒤로 밀리는 듯한 기분이 든다. 매번 앞으로 나아가기만 할 수는 없다. 우리는 실패에도 익숙해져야 한다. 그리고 피드백을 받고 고쳐나가야 한다. 완벽할 필요는 없다. 작게 시작하고 고치고 다시 시작하는 것이 빠르다. 아무 능력도 없기 때문에 시작할 수 없다고 생각하면, 영원히 시작할 수 있는 시기는 오지 않을 것이다. 계속 나아가자. 성공하는 이는 특별한 기회를 얻은 것이 아니라 신속하게 시작하고 꾸준하게 반복하는 가운데 기회가 끼어든 것이다.

삶은 구체적이다. 우리의 인식은 시간이라는 틀에서 움직이고, 그 틀을 통해 하루라는 시간을 느낄 수 있다. 그리고 이 시간 속에서 행동하는 모든 것들이 나의 미래에 영향을 끼친다. 삶의 추상적 의미를 생각하는 것은 일견 중요하지만, 이를 위해 과하게 애쓸 필요는 없다. 찾지 못했다고 해서 의미 없는 것은 아니다. 오히려 삶은 구체적 행동을 통해서 더 모습을 드러낸다. 삶이 무엇인지를 정의하는 것이 중요하다고 해도, 결국 나의 대답은 계속 바뀔 것이다. 내가 어떤 가치를 지니고 있는지, 어떻게 행동하는지, 어떻게 대하는지에 따라서 삶은 항상 다른 모습을 보여준다. 삶의 정체를 파악하는 일에 매달리고 붙들리기보다는 지금 현재 내가 하고 있는 것에 대해 집중하자. 하루를 살자.

작은 성공을 반복하자

고민할 문제는 따로 있다. 지속하는 근력이다. 흔히 끈기라고 말하는 이 힘을 키우는 건 쉬울 것 같으면서도 쉽지 않다. 작심삼일이라는 말 자체가 증명하듯 우리는 쉽게 포기한다. 그 과정에서 자신을 좌절시킨다. 하지만 분명한 건 지속성은 키울 수 있다는 것이다.

나 역시 작은 습관으로 시작했다. 그리고 그것을 이뤘을 때 달성감을 만끽했다. 그리고 다음 도전을 실행했다. 예전보다 더 쉽게 성공했다. 마치 내 머릿속에 새로운 프로그램을 깔아 업그레이드한 기분이다. 이런 일들을 통해서 나는 끈기를 얻었다. 작은 목표를 하나씩 굴리고, 그 목표를 성취했을 때 기쁨을 느끼면 그 과정이 무척 재미있다. 그리고 확신이 생긴다. 더 나아질 수 있겠다 싶은 마음이다. 그럴수록 욕심이 생긴다. 더 해봐도 괜찮을 거라는 욕심. 이런 선순환이 더 즐겁고 신난다.

나는 책을 읽는 사람이 되고, 글을 쓰는 사람이 되었다. 배우는 사람이 되고, 달리는 사람이 되었다. 회사에 출근하는 사람과 술을 마시는 사람이었던 내게 다른 동사가 추가된 것이다. 동사를 바꾼 뒤 어떻게 되었을까? 내가 하기로 한 일들은 이제 당연한 일이 되었다. 굳이 안 할 이유를 찾지 못했다. 천천히 스며든 일들이 나를 바꿨고, 이는 가슴을 더 뛰게

나는 책을 읽는 사람이 되고, 글을 쓰는 사람이 되었다. 배우는 사람이 되고, 달리는 사람이 되었다. 회사에 출근하는 사람과 술을 마시는 사람이었던 내게 다른 동사가 추가된 것이다.

하는 일거리를 찾게 해줬다.

가슴 뛰는 일을 찾는다는 건 처음부터 열정에 불타올라 의욕을 느끼는 것이라고 생각했다. 하지만 그게 아니었다. 진정으로 가슴 뛰는 일은 서서히 불타올랐다. 천천히 달궈지는 것이었다. 첫 추진력이 좋아야 유지할 수 있다고 생각하는 것은 위험하다. 오히려 여유를 가지고 천천히 기다려보자.

돌부리에
걸렸을 때

이제 거의 막바지다. 앞서 말했던 것들을 다시 한번 정리해본다. 하려던 것들이 잘 풀리지 않을 때, 꼭 돌부리에 걸린 듯한 느낌이 들 때 이 말을 되새겨보길 바란다.

완벽함을 바라지 말고
지금 할 수 있는 것을 하자

우리는 행복을 먼 곳에 떠 있는 별처럼 생각한다. 내가 가질 수 없는 것들을 보며, 그것을 가지면 행복해질 거라고 생각한다. 하지만 행복은 먼 미래에 존재하는 것이 아니다. 현재에서 찾을 수 있다. 지금이라도 할 수 있는 것을 하면서 말이다.

여러 번 반복하지만 우리에게 시간은 필요한 만큼 있다. 프로젝트를 해도 시간은 흐르고, 안 해도 흐른다. 아무것도 안 한다고 해서 시간을 모아둘 수 있는 것은 아니다. 지금 하지 않으면, 그 시간은 사라져버린다. 지금 할 수 있는 일을 해내면 힘이 난다. 그리고 더 잘하고 싶은 욕심이 생긴다. 욕심나는 만큼만 더 몰입한다. 선순환이 반복된다. 시간이 흐를수록, 점점 더 나아진다. 할 수 있는 것들이 많아진다. 레벨업을 하면 자신감이 생긴다. 그 자신감이 더 행복을 채우는 것이다.

한 번에 한 개씩
집중하자

미래를 떠올리면 불안해진다. 안 되면 어쩌지? 더 힘들어지면 어쩌지? 아직 찾아오지도 않은 일을 신경 쓰느라 진이 빠진다. 과거를 되돌아보면 후회만 한다. '그러지 말걸, 그때 할걸'이라는 자책감이 든다.

이 두 가지 시점에서 나를 바라보면 불안하고 연약해 보이고, 이미 인생은 끝난 것 같고 갖가지 부정적인 생각이 들 수도 있다. 하지만 인생은 과거와 미래에 있지 않다. 당장 지금

눈앞에 있는 이 시간, 오늘 하루에 달려 있다. 오늘 하루가 인생에서 가장 중요하다. 오늘 할 일의 분량은 정해져 있다. 동시에 많은 것을 할 수는 없으니, 무리해서 내일과 모레의 분량을 끌어올 필요도 없다. 가장 신경 써야 할 것은 당장 오늘의 하루다. 오늘 씻을 그릇만 신경 쓰면 된다.

가장 신경 써야 할 것은 당장 오늘의 하루다. 오늘 씻을 그릇만 신경 쓰면 된다.

그것만 하자

시간을 만들었다면 '그것'만 하라. 다른 곳에 신경을 써서 에너지를 낭비하지 마라. 내가 글쓰기를 하기로 마음을 먹었다면, 그 시간에는 글쓰기 외에는 아무것도 하지 않는 것이다. 아무것도 허용하지 마라. 인터넷 창도 열지 말고, 휴대폰도 1미터 넘게 던져버려라. 그리고 그 시간에는 그것을 '하느냐, 아니냐' 하는 선택만 남겨놓자.

프로젝트 시간 외에는 내가 그 일을 했다는 사실도 잊어도 된다. 대신 내일이면 똑같은 시간에 그 일을 해야 한다. 프로젝트는 단순히 '매일 무엇을 하는 것'이 아니다. '매일 특정 시간에 무언가를 하는 것'이다. 그렇게 정해진 시간이 없다면, 아무리 멋진 계획이라도 오래갈 수 없다.

글쓰기 프로젝트를 시작했다면 내가 할 수 있는 거라곤 두 가지뿐이다. 키보드를 두드리거나, 아니면 아무것도 하지 않거나. 키보드를 만지거나 키보드를 바라보는 것 외에는 하지 않는다. 중간에 화장실을 다녀올 때를 제외하고는 의자에 엉덩이를 딱 붙이고 앉아 있는다. 글이 잘 써질 때도 있고, 중간에 툭툭 끊길 때도 있다. 하지만 내가 정해둔 글자 수를 다 써냈거나, 내가 정한 시간이 흘렀을 때는 미련 없이 일어난다. 그것만 해라. 그래도 충분하다.

계획은 하루 단위로 작게 나누자

프로젝트는 하루의 일과에 포함해야 한다. 일과 중 낼 수 있는 시간만큼 하면 된다. 지금 당장 만들 수 있는 시간이 5분이라면 5분이 기준이다. 당장 효과를 나타낼지 말지에 대해서는 깊게 고민하지 말자. 할 수 있는 것만 해내면 된다.

나아지고 있다고 느껴진다면 좋은 신호다. 거기서부터 시작하면 된다. 시작은 미미할 수 있다. 그 일을 조금 더 잘하고 싶은 욕심이 생기면 기꺼이 시간을 투자하게 된다. 열정이란 그런 것이다.

대부분의 사람들은 반대다. 프로젝트를 세우면 바로 전력투구한다. 그리고 얼마 안 가 지쳐 포기한다. 수십 년 동안 쌓인 나의 행동이 단숨에 바뀔 수는 없다. 미세한 행동을 하나씩 더해갈 때만 바뀔 수 있다. 기억하자. 내가 의식하지 않는 습관들이 더 많은 나를 표현한다. 모든 습관의 합이 자신의 인생이다. 그러니 티가 안 날 정도의 작은 일부터 시작하자.

항상 최상의 컨디션으로
살긴 힘들다

지칠 때도 있다. 그때는 내가 원하는 일조차 그만두고 싶어진다. 이럴 때를 위해서 하루의 목표를 낮게 잡자. 글쓰기를 잘하고 싶다면 하루에 한 줄 쓰는 일부터 시작하면 된다. 책을 많이 읽고 싶다면 하루 한 페이지 읽기부터 도전하자. 목표가 너무 작지 않느냐고? 괜찮다. 우리는 분명 이보다 더 많은 글을 쓸 것이고, 더 많은 책을 읽게 된다. 작게 시작해서 흐름을 만든 다음 중량을 더하면 된다. 하루 한 줄에서, 두 줄, 한 문단 그리고 2000자까지. 그렇게 조금씩 늘리다 보면 어느 순간 내가 원하는 목표에 이르게 된다. 모든 것에는 시간이 필요하다. 필요한 만큼 시간은 걸린다.

남의 시선에 신경 쓰지 말고 나 자신의 목소리를 듣자

우리는 다른 사람의 행동에 대해 관심이 많다. 누가 어떤 성공을 했는지, 어떤 것을 가졌는지 무얼 하는지 궁금해한다. 그래서 남들도 나에게 관심이 많을 것이라고 생각한다. 그래서 신경 쓰인다. 프로젝트를 시작할 때도 그렇다. 남들에게 어느 정도 내세울 수 있는 기준을 세우고 해보려고 한다.

프로젝트를 진행하면서도 즐겁지 않은 이유는 나에게 딱 맞지 않기 때문이다. 내가 행복하기 위해 필요한 것이 무엇인지 모르니, 남들의 기준을 참고한다. 그리고 그들만큼 못하기 때문에 부족하다고 생각한다. 남들이 나를 실패자로 비난할까봐 두렵다.

나만의 기준에 굳이 남의 시선을 의식할 필요는 없다. 남의 시선에 신경 쓴다고 내가 더 좋은 방향을 선택하는 것은 아니다. 내 인생을 24시간 생각하고 정하는 것은 나만이 할 수 있는 것이다. 나를 응원하는 것도 나를 매몰차게 욕하는 것도 남이 아니라 나 자신이다. 자신이 믿는 대로 나아가보자. 이것저것 시도해봐도 좋다. 끈기를 가지자. 꿈은 단기간으로 달성할 수 있는 것도 아니고 뜬구름도 아니다. 자신 안에 있는 것을 계속 고민하고, 해보고, 그 시도 속에서 '나다움'을 찾는 것이다.

프로젝트는 철저히 내 기준으로 세우자. 주변의 시선에 신경 쓰지 말자. 그래야 무엇이든 시도해볼 수 있다. 나를 위한 일이라고 해도 사람은 자신의 성취를 남들이 알아봐주기를 바란다. 인정욕구를 채우기 위해 우리는 성공을 원하는 것인지도 모른다. 하지만 가장 먼저 받아야 할 것은 나의 인정이다.

자신 안에 있는 것을
계속 고민하고, 해보고,
그 시도 속에서
'나다움'을 찾는 것이다.

의지력이 없다고 느껴진다면, 기르면 된다. 하고 싶은 도전 중에 도저히 내 의지력만으로는 될 수 없을 것 같은 일들이 있다. 대부분은 목표가 처음부터 과하기 때문이다. 단기간에 무리한 것을 강요하면 지치는 게 당연하다. 아무리 위대한 성취도 작은 한 걸음부터 시작한다. 작은 한 걸음이 꾸준히 이어질 때 우리는 큰 성취를 이룰 수 있다. 반복하며 성장하는 데 초점을 두자. 포기하지 않았다는 사실 자체를 격려해주자. 인내심은 그럴 때 단련된다. 아이였을 때 얼마나 빨리 놀이에 싫증을 냈는지 생각해보자. 금방 그만두고 시작하고 반복하는 것은 사람의 본성이다.

집중력은 후천적으로 훈련할 수 있다. 처음부터 생기는 것이 아니다. 마치 근육과 같다. 작은 성공부터 시작해 스스로 반복해야 한다. 생각이 변하면 행동이 변한다. 행동이 변하면 결과도 변한다. 방법을 모르겠다면 따라 하면 된다. 우리보다 먼저 더 나은 길을 헤매고 고생한 사람이 분명 있다. 그들의 행동을 보고 배우고, 어떤 생각을 가졌는지 연구해보자. 우리는 분명 더 나은 길을 갈 수 있다.

일단 시작하고,
나중에 완벽해져라

새로운 일을 시도하는 것을 좋아하는 사람도 싫어하는 사람도 있다. 특히 인생의 중요한 국면에서 행동은 더 극명히 드러난다. 오랫동안 회사를 다닌 직장인이 퇴사를 한 상황이라고 생각해보자. 상상만 해도 막막하다. 돈을 벌어야 하니 정신을 차리고 다른 일을 해보기로 했다. 요즘 무자본 창업이 유행이라고 하던데 한번 해볼까 고민한다. 돈도 많이 못 벌고 안 될 거란 불안감이 막연히 든다. 이내 생각을 접는다. 다시 고민한다. '뭘 하고 살아야 하지?' 머릿속에선 쉽게 답이 나오지 않는다.

우리의 행동을 막는 것은 무엇일까? 가장 큰 요소는 '완벽하게 준비되지 않았는데 실패하면 어쩌지?'라는 두려움이다.

모든 것이 갖춰지고 난 뒤에 시작하고 싶어 한다. 실패하는 것이 두렵기 때문이다. 사실 이미 안다. 완벽하게 준비되는 때는 결코 오지 않는다는 것을 말이다. 그래도 결정을 조금 늦추고 싶다. 결정을 하고 나면 그 선택에 오롯이 내가 책임져야 하기 때문이다.

오스틴 클레온의 저서《킵고잉》에는 이런 조언이 나온다.

> 자네는 어리석고, 멍청하고, 경솔하고, 얼빠진 사람이 되어보아야 해. 그러고 나면 '할 수 있는' 사람이 되겠지. 형편없는 작업을 해봐. 가능한 한 최악의 작품을 만들고 그 후에 어떤 일이 일어나는지 지켜보게나.
> 무엇보다도 편안한 마음과 망칠까봐 두려워하지 않는 자세가 가장 중요하다네. 세상일을 책임질 사람은 많고도 많지만 자네가 작업을 망친다고 해봤자 책임져야 할 사람은 자네뿐이지 않은가. 그러니까 "하게".

일상을 잘 산다는 건 완벽하게 산다는 의미가 아니다. 실수하지 않고 결점 없이 사는 것이 아니다. 단지 그저 오늘 내가 잘 살았다고, 나아지고 있다고 느낄 수 있게 일상을 채우는 것이다. 그 순간이 단 10분이어도 된다. 진정 그렇게 느꼈다면, 그것이 다음 하루를 살 원동력이 된다.

프로젝트도 결국 더 나은 행복을 찾는 과정이다. 가끔 행복이란 추구하는 것이 아니라 찾아오는 것이라고 말하는 이도 있다. 하지만 나는 저절로 무언가 온다고 느끼지 않는다. 내가 방향을 틀지 않았는데, 지금까지 오지 않은 행복이 어떻게 찾아올 수 있을까.

어렸을 때부터 안전하고 위험하지 않은 것만 하도록 배웠다. 우리 부모님은 장사를 하셨는데 일이 힘들다고 나는 회사원이나 공무원이 되기를 바라셨다. 자영업이 얼마나 힘든지 아셨고 똑같은 고통을 자식에게 물려주고 싶지 않은 생각이셨을 것이다. 나 역시 고등학교 때부터 회사원이 되고 싶었다. 사무실에서 커피를 마시며 사원증을 걸고 있는 어른이 멋져 보였다. 지금 나는 9년 차 직장인이다. 장시간 앉아서 일을 해야 하기에 허리디스크·목디스크는 기본에 소화불량은 옵션이다. 먹고 살 만큼은 벌지만 미래는 불안하다. 언젠가는 회사를 나와야 한다는 것, 그 이후에는 내가 내 삶을 책임져야 한다는 것은 언젠가 올 미래 중 하나였다. 안전한 것이 우선이라 배웠다. 모험은 하지 않는 게 좋다고 배웠다. 사회적 울타리 안에서 잘 지내면 그게 최고인 줄 알았다. 하지만 울타리는 임시 대피소는 되어주지만 더 나은 삶을 살도록 도와주진 못했다.

> 지금까지 깨달은 점은 그래도 우선은 시작하는 게 좋다는 것이다.

3년 후가 되었든 10년 후가 되었든, 언젠가는 결단을 내려야 하고 회사를 나와야 한다. 그 준비를 지금부터 하고 있다. 근무 시간 이외의 시간을 쪼개 나만의 프로젝트를 만들고 있다. 책을 읽고 강의를 듣고 글을 쓰고 있다. 더 나은 삶을 살려고 시간을 차곡차곡 모으고 있다. 그 황금 같은 시간을 모으고 모아서 점점 변하고 있다.

지금까지 깨달은 점은 그래도 우선은 시작하는 게 좋다는 것이다. 처음에는 아무것도 가진 것이 없어 두렵지만, 일단 시작하면 경험이 생기고 그 작은 경험이 모여 더 나은 기회의 발판이 된다.

일상을 잘 채운다는 것

일상을 스스로 결정한다는 것은 내 삶을 결정하는 것과 다름

없다. 하루하루가 선물같이 느껴질 때가 있다. 밤 늦게 책을 읽은 뒤 침대에 누워서 이런 생각을 한다. '오늘 하루는 정말 의미있게 보냈네.' 그런 날이 많아졌으면 좋겠다. 과거와 미래에 휘둘리지 않는 방법은 현재를 잘 사는 것이라고 느낀다. 앞만 보는 것이 아니다. 미래를 위해서 지금의 나를 희생하는 것도 아니다. 지금의 내가 가장 잘 사는 방법을 찾고, 그렇게 행동하는 것뿐이다. 이는 단순하고 짧은 행복이 아니다. 지속적이고 오랜 행복이다. 내가 내 일을 하며, 내 삶의 목적을 하나씩 퍼즐 조각처럼 완성해나가는 것.

기다리는 것 또한 행동의 한 일면이다. 그래서 나는 더이상 조급해하지 않는다. 단지 하루를 잘 채울 수 있도록 방향을 잘 잡기로 노력한다. 기분에 따라 변하지 않도록, 내가 하고자 하는 바를 날려버리지 않도록. 성공할 기회는 매일 찾아온다. 그 기회를 소중히 여기자. 그 하루가 소중하게 느껴진다면, 우리는 무엇이든 할 수 있다.

에필로그

여기까지 읽었지만 '흠, 그렇군 하지만 나의 생활 습관과는 달라'라고 생각하지는 않는가? 만약 그렇다면, 다시 한번 말하고 싶다. 자신의 인생은 자신이 만들 수 있다고 말이다. 선택의 문제다. 과거를 기준으로 자신을 판단하는 것은 자연스러운 일이다. 그러니 이런 건 뜻이 있는 사람들이나 하는 것이라고 생각할 수도 있다. 나 역시 그랬다. 나는 대단한 걸 하라는 것이 아니다. 24시간 완벽하게 살라는 것도 아니다. 그저 스스로 조금 더 나아지길 원하라는 뿐이다. 그래서 인생의 군살을 덜어내는 작업을 했다. 그리고 채울 것을 선택했다.

자, 그 이후는 실행하면 된다. 목표를 선택한 뒤 작게 시작해보자. '이 정도야 뭐 나라도 할 수 있겠다' 정도가 좋다. 그리고 성공하자! 해냈다는 성취감이 들지 않더라도 축하해주자.

왜냐하면 우리는 예전과 다른 길을 한 번 걸었으니까. 다음에도 할 수 있겠다는 생각이 들었다면 그걸로 충분하다.

동기부여는 이런 것이다. 처음에는 외부에서 오는 강력한 자극을 원할 수 있다. 내 인생에 더 특별한 변화가 일어났으면 좋겠고 그걸 깨워줄 누군가가 있었으면 한다. 하지만 누군가 '짠' 하고 나타나서 인생은 이런 거야라고 알려주는 일은 일어나지 않는다. 결국 스스로 만들지 않으면 변하지 않는다. 스스로를 응원하지 않는데 타인이 응원해주지는 않는다.

불안해도 자신을 믿고 한 걸음씩 나아가는 사람은 빛이 난다. 그 빛 덕분에 스스로 한 걸음 더 나아갈 수 있고, 타인도 그 빛에 이끌린다. 자신의 보석을 깨끗이 닦아보자. 우리는 그런 보석을 하나쯤 가지고 있다. 눈에 보이지 않는다고 해서 없는 것은 아니다. 다만 내가 알아주어야 그것이 보인다.

시간은 무엇으로든 바뀐다. 돈으로 바뀌기도 하고 에너지로도 바뀐다. 즐거움으로 바뀌기도 한다. 시간을 보내는 만큼 우리는 결과를 얻는다. 얻고 있다는 느낌이 들지 않을 때도 결과를 얻는다. 자, 그럼 유일하게 쓸 수 있는 무기 역시 시간이라는 뜻이다. 아직 죽지 않았기 때문에, 우리에겐 시간이 존재한다. 살아낸 시간만큼의 결과는 나와 있고, 미래의 시간은 아직 알 수 없다. 현재 주어진 시간만큼은 제어할 수 있다.

우리는 시간을 선택할 수 있는 권한을 가지고 있다는 사실을 깨닫자. 주어진 시간 동안 무엇을 하든 우리 마음이다. 선택할 수 있다는 걸 깨닫는 순간 생각할 수 있는 가능성은 매우 넓어진다. 주체적이라는 것은 남에게 부여받는 것이 아니다. 오히려 깨달음에 가깝다. 내가 선택할 수 있는 것과 없는 것을 잘 가려내고, 선택할 수 있는 것에 집중하는 것, 그것이 주체적인 삶이다.

선택할 시간이 왔다. 아무것도 할 수 없다는 생각 역시 선택이다. 내가 받아들이지 않는다면 나에게 닿을 수 있는 것은 없다. 그 사실을 잊지 말아야 한다. 홀로서기를 시작하자. 홀로 서서 나다움을 찾는다면 삶을 즐겁게 살 수 있을 것이다.

참고문헌

게리 켈러, 제이 파파산,《원씽》, 비즈니스북스, 2013
곤도 마리에,《설레지 않으면 버려라》, 더난출판사, 2016
나가마쓰 시게히사,《20대를 무난하게 살지 마라》, 길위의 책, 2021
나심 니콜라스 탈레브,《안티프래질》, 와이즈베리, 2013
롭 무어,《레버리지》, 다산북스, 2019
마쓰다 미쓰히로,《청소력》, 나무한그루, 2007
문요환,《굿바이 게으름》, 더난출판사, 2007
브라이언 트레이시,《잠들어 있는 성공 시스템을 깨워라》, 황금부엉이, 2010
빅터 프랭클,《죽음의 수용소에서》, 청아출판사, 2020
사이먼 사이넥,《나는 왜 이 일을 하는가》, 타임비즈, 2013
스티븐 코비,《성공하는 사람들의 7가지 습관》, 김영사, 2017
오스틴 클레온,《킵고잉》, 중앙북스, 2021
제프 콜빈,《재능은 어떻게 단련되는가》, 부키, 2010
제프 헤이든,《스몰빅》, 리더스북, 2019
존 고든,《에너지버스》, 쌤앤파커스, 2007
줄리아 캐머런, 《아티스트 웨이》, 경당, 2017
팀 페리스,《타이탄의 도구들》, 토네이도, 2017
할 엘로드,《미라클 모닝》, 한빛비즈, 2016